從心學習

聽專業學習社群老師說故事

◎總編輯　　◎主編
陳佩英　　陳智弘
　　　　　黃　琪

專業
學習社群

孔令堅、王　漪、王思穎、王舒瑩、王孅蘋、仲偉芃、
吳秀倫、吳思鋒、吳璧妃、呂雅玲、宋宥輯、李佩貞、
周士堯、林以凡、林永發、林孟郁、林健志、林清和、
林德龍、邱淑娟、保淑卿、段蓓明、孫　細、柴蘭芬、
張兆鴻、張秀瑤、張逸如、許孝誠、許嘉尹、許慶文、
郭慧敏、陳上瑜、陳建志、陳海珊、陳博文、陳智弘、
陳鳳幼、陳慕璇、陳薇竹、傅慧鳳、彭瑄第、彭寬輝、
彭瀧森、曾祥瑞、曾惠雀、馮蕙卿、黃　琪、黃詣峰、
鄒文仁、廖培如、劉宜昀、劉姮邑、劉添喜、蔡青倩、
蔡淑華、鄧景文、鍾武龍、簡菲莉、簡慧嫻
（照姓名筆劃排列）

國立臺灣師範大學出版中心

目錄 從心學習
聽專業學習社群老師說故事

細水長流的專業承諾

　　國立臺灣師範大學向以培養社會未來人才為己任，尤其是繫乎社會未來發展的教育。本校的校訓「誠正勤樸」引導和激勵每一位師大人從內心修養到生活實踐，活出時代精神，樹立良好風範，進一步改造社會。我們的人才培育經過逾半世紀的播種耕耘，持續師資的職前培育與在職的專業成長，已經在教育界展現「大師」的懷抱與胸襟，不忘成「人」之美，發揮「深水靜流」的社會影響力。

　　這本書展現了教師的「誠正勤樸」和「大師」精神的劍及履及，在追求與時俱進的個人成長的同時，更發揮專業影響力。這本書記錄了九個分布在臺灣各地的中學；發展出十個教師專業學習社群的故事。故事裡的教師們，靜悄悄地一起學習，一起領導，一起進行寧靜的學習革命。他們經由反省、發現問題、探究思考、尋找夥伴、建立平台、對話分享，共同實現帶有核心價值的教育願景。

　　教師專業學習社群是以團隊力量發揮教育專業影響力的重要方法，在國際學術領域已累積相當豐厚的研究成果。不過，在臺灣教育行政與學校教學現場受到關注則是近幾年的事。在這本書中，我們看到教師們從自己學校的變革脈絡中發展出精彩的社群故事，為教育初衷實現理想、為學校課程搭建鷹架、為課堂風景注入學習熱忱，甚至於透過教師專業學習社群的協作，發想一粒沙中見宇宙的願景，進而以積極的願力，啟動蘊含生命意義與教育價值的社會實踐。這些故事，展現的不只

是教師社群的特徵、策略、理論、功能,更重要的是將教育無限可能的力量彰顯於教師社群的專業學習圖像中!本人欣見這些在升學競爭壓力下的高中高職,仍然出現一個又一個的教師社群,萌芽、茁壯,成為一顆相連相生可以庇蔭的大樹,真是可喜。

　　關心學校教育的讀者,從閱讀教師的團隊行動,可以找到感動,並看到未來的希望。

　　教育是集體的創造,歡迎您一起加入!

國立臺灣師範大學校長

張國恩

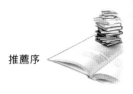

推薦序

　　這幾年進入學校現場，每每被教師對於教育的熱愛與投入所感動，這本書描繪了一群群有心的老師，如何讓教育志業成為夢想的追逐，他們相互為伴，蹦發動能，從磨合歷程中，彼此撞擊與激盪，這其中雖有挫折，但德不孤必有鄰的相依感，譜出了篇篇教師共同學習與一起成長的喜悅。

——淡江大學教育政策與領導研究所　潘慧玲教授

　　教師是教育事業的靈魂；快速變遷的社會，尤其需要能不斷提升專業、積極迎向挑戰的老師。非常高興讀到「從心學習－聽專業學習社群老師說故事」這本書，九所高中職老師記錄了他們專業學習社群的故事，他們在團隊合作與激盪過程中，以持續的學習熱情，不斷自我突破與提升，清晰展現出教師專業之所在，揭示了教育事業動人的靈魂深處。

——國立清華大學通識教育中心暨學習科學研究所　謝小芩教授

High School reform is one of the most critical issues in education throughout the world. Educators struggle to find ways to not only address the many developmental needs of students, but to also work collaboratively to provide a culture of supportive learning environments so students can achieve their best outcomes. Dr. Chen, who has been working with personnel in the

Ministry of Education and in other universities for several years, has opened up a platform for nine schools to write up their own stories in which they have made significant progress in the area of professional learning communities (PLCs) to reach their goals. These stories, written by teachers themselves, revealed the journey of collective and reflexive dialogue as they work to structure their learning so that teachers can learn and share their experiences as they craft lessons for students. While teacher evaluation is necessary, the interaction in PLC schools emphasizes teacher sharing and learning rather than critical commentary. Shared values and vision serve as the foundation for distributed leadership and common goals. Integrated professional development is found in these schools as teachers mentor and network with each other to provide an interdisciplinary approach to teaching the whole student. These PLC Stories establish clear models for other schools as they all work toward successful reforms in education.

——Teacher education & Adminsoration, University of North Texas, U. S. A.

Professor Jane Huffman

　　本書從教師專業學習社群參與者的獨特視角講述了一系列令人觸動和深思的故事。它薈萃了九所臺灣高中的教師社群在教育改革浪潮推動下孜孜不倦地探索課程與教學創新和教師專業成長的發展歷程。如何藉由教師專業學習社群的運作，促進組織內部由下而上推動的革新，開創多元學習題材，促成跨科的專業合作，協助學生發展自我潛能，建立信任夥伴關係並提升教師專業能力？你將會從本書的經驗分享和深刻反思中得到有益的啟示。我很有幸和佩英教授因對專業學習社群的共同研究

興趣而結識並進行合作研究，我也十分幸運參訪了書中的幾所高中，通過和教師、校長分享經驗、觀課與學生交流，見證了教師專業學習社群的積極推動力，並深深為他們對提升臺灣高中教育品質的不懈努力和熱忱而感動。推薦此書給關注和致力於教育改革和教師成長的教育研究者和實務者，本書確實很值得一讀。

——Faculty of Education, Technology, Science and Maths University of Canberra, Australia　王婷教授

「專業學習社群」是近期在教育學術文獻中的新興概念，因它用上了英語中的複合名詞，這概念使人有點迷惑及不知其重心為何。是以「專業學習」為重？抑或是以「學習社群」為重？眾說紛紜。佩英教授這本新著正好為些爭論補充新觀點。這書的特點是透過在臺灣九所高中的個案研究，從校長及教師團隊的視角出發，以說故事的方式，描述學校中「專業學習社群」的型態、過程、及其複雜性。書中豐富的原始資料可讓讀者理解甚麼是學校中的「專業學習社群」，以及它與學校改進的關係。我誠意向各位推薦這書，不同背景的教育參與者定會對「專業學習社群」有不同的領會。

——香港中文大學教育行政與政策學系教授及系主任　彭新強教授

PLC的教師專業學習社群是由學校裡的教師、行政人員所組成的團體，經由個人和組織間的互動、合作及持續不斷的學習和實作分享的經驗，提高個人及各領域專業成長，最終的目標是能關注學習結果，提高學生的學習效能。

各校在教育主管機關和大學學者鼓勵支持下，成立了教師專業社群，

欣聞中和高中，宜蘭中學，中正高中，中山女高，新竹中學，麗山高中及苗栗農工等校，老師及行政人員，將他們在專業學習的經驗記錄下來，並集結成書，與大家分享經驗，真是可喜可賀的事。

從書中我們可以察覺到專業學習社群中老師與行政相互支持和分享的領導關係，重視平等互動，以專業發展為導向，相互指引、互同學習。他們分享價值和共同願景，重視集體學習與實踐，強調教師跨年級、跨學科、跨學校的共同學習與協同合作。他們發展對話空間與反思歷程，對於需要解決的問題，共謀對策。在校內行政單位提供了支持性的條件，提供學習社群所需要的設備與場所，以信任為前提，建立平等民主的氛圍，分享知識與經驗，教師間相互協助，接受回饋，採取新的策略以改進教學。

十二年國教推動在即，成功的關鍵在老師，老師能用心上好每一節課，課堂教學由「教師的教」轉而為「學生的學」，採取新的策略改進教學，學生學習從被動到主動，使自主、合作、親自動手做的學習成為常態。學生能從實作中經驗，從經驗中了解，從練習中學會，從學會中應用——他們是成功的學習者，愛學習、會學習、能學以致用，十二年國教才有意義，我們的教育才能成功。

——臺北市私立復興實驗高級中學　李珀校長

「教師」是當今為人師者的法定職稱，「教書」則是我們每天最重要的核心工作，但事實上，「教人」才應該是我們的天職。「教人」這件事包括了教學生如何學會「做人的道理」，這是幫助學生人格養成的品格教育；另一方面則要教會學生「做事的道理」，這是幫助學生學會如何學習和問題解決的能力培養；二者都是十分專業的工作。

　　隨著時代和社會脈動未曾停止變動，教師的專業角色也一直變換著。由學科教學專家和班級經營管理者，轉型成為課程和教學改良的促進者，近來更成為學校發展變革的推動者，更是一位課程與教學改革的研究者與行動者。學校發展成功與否取決於教師的自覺及行動，而教師一個人自覺的力量不足以撼動大局，但若能以學習社群的模式互動與發展，則能創造出學校變革與發展的關鍵力量。

　　校園是一個美麗的地方，每天在各個不同的校園場景中，上演著目標相同但改變歷程卻十分不同的故事，訴說著老師和學生之間的動人故事。從「心」學習這本書記載著9所學校的10個校園故事，道出在教育變革風起雲湧的新世紀中，各個校園裡的老師們如何摸索著「專業學習社群」的建構歷程，在不斷的對話與腦力激盪之間，費盡心思、用盡方法，打造出「教人」的專業工程。透過這些故事的陳述，相信未來一定會引領出更多感人的校園故事，饗宴於你我。

——臺北市建國高級中學　陳偉泓校長

喚醒內在的巨人：激發喜悅成長的社群行動

因緣際會下我開始投入專業學習社群的研究，而有機會和一群持續不懈學習的老師們，在綿綿密密的話語中，來來回回琢磨，尋找專業成長和認同的新模式。除了個別教師的觸動和行動，教育改革政策也扮演了觸媒，在一波波的變革浪潮當中，以某種動力促成了個別教師和團隊的創作與合作。

我很榮幸有機會參與了教師社群的共同學習。六年前，在國科會與教育部鼓勵學校創新的方案下，見到老師們的專業和熱忱，如何透過社群合作的形式，開拓了創意有機的學習空間。這是由經驗、反思、想像、和創造的對話編織成的拼布，拼布上的圖案記載著不同的故事，這本書就是把這些圖案和故事，以老師現身說法，串連起我們社群學習的獨特經驗和智慧。

書的前頭，讓我先訴說我和專業學習社群、以及和這群老師們相識相惜的遇見過程。

The true sign of intelligence is not knowledge but imagination.

心 智 的 真 實 呈 現 不 是 知 識 而 是 想 像 力 —— 愛因斯坦

之一

回顧2006年，在好奇心驅使下，加入了新竹高中的高瞻計畫，和高中教師一起合作，為科學研究向下扎根攜手努力。這個加入和參與也

讓我和專業學習社群的研究結下了緣分。當年的高中職高瞻計畫是國家科學委員會第一次以多年期經費挹注方式，搭起高中職和大學合作之橋樑，並規定校長和行政團隊全力支援，讓高瞻計畫一開始就有了豐富的學術資源和有力的行政配合，不過，最重要的課程和教學部分，反而是最大的挑戰。

研究團隊回顧時發現，等著他們的是一趟是無法預期的旅程！

旅程，即使在一開始便有詳盡的計畫，也會在過程中被打散、又得重新歸零或持續來回踱步。教師的壓力越來越大，好像墜入了迂迴曲折的山谷裡，見不到前路，更看不到遠方終點。

在這類過程中，教師的壓力究竟何在？教師一方面要學習新的知識和教學方法，一方面又要跨科合作，科內教師的討論似乎有聽沒有到，更何況是不同科教師的對話，好像永不相交的兩條平行線，只能遙望卻難以交集。一直到教師共同研讀兩本書以及進行校本研習之後，無頭蒼蠅亂鑽的窘境稍有改善。教師做研究和開發課程的挑戰，引發了一連串的個人經驗的解構和團隊經驗的再建構的歷程，也就是專業學習社群（professional learning communities）之學習型組織的浮現和發展。

對高中教師而言，專業自主是教學內在價值所賦予的自由和尊榮，只是面對升學考試，教學的報酬常常侷限於學生考試的好壞。考試領導教學模式成為一般高中教師的習性。然而高瞻計畫要求教師發展課程模組和教學創新，參與教師必須歸零思考，先得跳脫學科藩籬框架，從問題出發，找出引發探究的概念和關鍵性問題，打破講學習性，以開放性的引導問題來刺激學生思考和討論，捨棄食譜式的實驗步驟，取而代之的是實驗設計和探索，以學習活動安排學生小組合作、發表、拋問和研

討等，這些新的探究教學方法，要求老師們磨練出新的課程與教學之認知、行為和態度，因而考驗每一位老師的學習力和改變能力。

起初，看到參與老師的起伏、膠著、茫然、挫折、無所適從、和來回磋磨，有說不出的不捨。不過，危機常常也是轉機，團隊學習發生之後，高瞻任務的具體方向，像曙光般逐漸浮現、照亮暗處。團隊成員的理解、對焦討論和互惠回饋，在溝通約定的循環中，開始積累個人的努力和集體行動的成果與智慧，編織了專業話語流動的圖案，搭建了探究學習平台，延展師生的思考地平線。

歷經個人獨舞到團隊躍動，高瞻專案扮演了重要的推手，譜下高中教與學共舞的探究曲目。研究團隊躍動的心智激發出來的想像力，讓我看到並感受到教學專業內在價值的盤旋回升，不知不覺對社群行動與結構交織的隱含型態產生好奇，因而想進一步探訪經由專業對話轉動團隊學習而產生的內在動力和價值。

之二

The best way to predict the future is to create it
預測未來最佳的方式就是創造未來──彼得杜拉克

自2006年起，全國高中有機會申請不算少的優質化輔助方案之經費，以一期三年規劃並執行學校的改善計畫。我因參與了高中優質化方案的規劃與評估工作，在2009年時，有機會將高瞻經驗中的教師社群學習，引進第二期程之優質化方案之運作。於是從2010年第一批的優質化學校進入了第二期程之後，專業學習社群便成為計畫推動的必要條件，

以此促進組織學習,並作為學校自我改善的槓桿機制。

高中優質化的重點發展項目包括課程發展、教師教學、專業成長和學生學習之改進,這四項行動的提升,明顯的皆與教師直接相關,因此教師的擴大參與、專業成長和投入,為該方案成功與否的關鍵,亦是12年國民基本教育許諾校校優質的基礎工程。

聯繫高瞻計畫和高中優質化行動方案的教師專業成長和專業學習社群,高舉了高中教師在這一波課程與教學改革的進程中之重要領航角色。然而,堆疊在教師身上的是否只是面對改革徒勞無功的壓力、抑或是面對專業挑戰可以轉進的培力,兩者是否是同時並存而且只是程度上的差別,教師面對新的角色,如何因應或找出新的路徑,再再考驗著教師的專業工作和認同。

面對新世紀人才重新定義所帶動的學習革命,教育場域和工作者沒有辦法迴避新世紀任務的挑戰。組織分工、關係、價值與視框,隨著結構和行動的辯證,展開組織的共同學習和演化。

預測不可測的未來,不如共同創造未來。

專業學習社群為合作與創新的組織文化提供足夠的養分,是組織演化的DNA,也是使學校轉化組織目標、工作角色、關係和規範的酵母。藉由優質化政策的引導,本書中的優質化高中,有機會經歷了社群學習並共創變革意義的「寧靜革命」。

之三

我將「學習」定義為,透過與事物的相遇與對話—構築世界;與他人的相遇與對話—構築同伴;與自己的相遇與對話—構築自我,實行三

位一體「關係與意義不斷編織」的永續過程。——佐藤學

　　這本專書記錄了高中教師參與變革的軌跡和意義，書中現身說法的教師社群，抓住了教育改革時機，乘風破浪，展開了他們學習的旅程。教師面對學習的新挑戰，一個個以教學想像的彩線，編織了學習畫布的美麗風景。

　　書寫高瞻經驗的有新竹高中、麗山高中、苗栗農工。高瞻計畫作為科學探究種子的播種，教師需要首先成為學習的專家，與科學世界對話，與同儕教師對話，與自己對話，構築了學習的網際網路，連結知識、思考、和創新行動，開展了學習的新典範。

　　因著高中優質化方案而累積團隊動能的有中和高中、聖心女中、海星高中、中正高中環科班、和宜蘭高中。對許多高中教師而言，任何由上而下的改革政策，若只是流於形式或目標淺薄，很快就風消雲散，不會留下任何痕跡。然而，對於懷有願景，善用機會和資源的教師而言，連結社群力量可以讓個別行動匯流成集體智慧，並以展開的關係和意義形塑變革行動的主體，那麼，社群的學習軌跡是一張張動人的樂譜，彈奏著個人行動和集體創作的和鳴。

　　除了高瞻和高中優質化，高中課綱的改革也激發了教師的社群合作行動，中山女高的國文科社群和中正高中的軟橋社群，從幾位膽大心細的老師開始，以熱忱召喚著同伴一一加入，展開了充滿驚奇的學習之旅，也為學生的學習開創新局。

　　一年多前，因著和老師們相遇的觸動，我邀請不同的社群寫下這些篇章。這些故事記錄著不同老師的聲音、心情、感想、和行動。雖然社

群行動沒有辦法很快改變原來的組織文化，而社群學習的種子可能隨著計畫結束或者因為工作異動而人去樓空；但是，社群意識和合作創新的精神會隨這種子散播開來，在別的地方落地生根，共鳴的樂譜和美麗風景的拼布，會是教師們引以為傲、願意珍藏和不吝惜分享的寶貴經驗。

我們也以這本書邀請您一起登堂入室，希望您能滿載而歸，未來也能加入創造故事的行列！

最後要感謝每一位參與寫故事的老師，謝謝幾位海外朋友王婷、Jane Huffman、彭新強三位教授，以及國內的潘慧玲教授、謝小芩教授、李珀校長和陳偉泓校長幫忙寫了推薦文，特別感謝中山女中陳智弘和黃琪志願擔任文字編輯，臺北市中正高中林文婷同學的封面設計和圖文說明，師大劉安芸、應尹甄、周倢如、和許美鈞四位助理，高師大張凱惠同學的美編協助，及臺師大出版中心同仁，讓這本書經歷將近二年多的籌備和撰寫後，可以和更多的朋友分享。

陳佩英於師大
2012年12月

學科社群篇

挹注教學知能與熱情的活水源頭

——新北市中和高中專業社群「英魁工作坊」

專業學習社群一詞往往給予人較為嚴格之學術性的印象，或是與教育相關政策有所銜接，但是其目標為何？運作過程中有哪些要素？成員在社群中能有哪些方面的成長？

在中和高中英魁工作坊的案例中，可以看到專業學習社群源於自發性的讀書會，隨著人數增加以及規範的形成而變得完整，由此一案例也能看出專業學習社群型態上的多元性和運作時的影響力，甚至擴及他校形成一良性的網絡學習之循環。

中和高中英魁工作坊社群成員

郭慧敏老師
鄒文仁老師
王思穎老師
蔡青倩老師
吳璧妃老師
劉添喜老師
鄧景文老師（萬芳高中）
陳薇竹老師
陳建志老師
林以凡老師

薇竹　建志　以凡　靖芳　思穎　青倩
文仁　添喜　慧敏　璧妃　景文　　照片排列順序（自左至右）

有你同行　絕不孤獨

郭慧敏

　　新北市中和高中英文科專業社群在100學年度終於正式成立。在長達五年的努力推動過程中，有一群熱衷於創意教學的老師默默的耕耘，從三人讀書會開始，進而成立創意教學工作坊。團隊參加教育部99年教學卓越獎競賽，從2月報名，經過長達半年的比賽，通過縣賽取得代表權，進入全國賽，7月8日在台南億載國小的最後正式登場，終於，9月8日在台南文化中心，從教育部長的口中得知獲頒高中職組銀質獎。英魁工作坊四年多來的運作，第一次露臉走出校園，有了全國的知名度，我們稱之為「快樂出航記」。

　　有了信心之後，下定決心擴大全科教師的參與，讓每位英文老師都樂意投身社群的發展，貢獻自己，一起成長。

英魁工作坊的成長與發展

　　「英魁工作坊」是參加99年教育部教學卓越的團隊名稱，因為是由一群英文老師所組成的社群，期許自己是英文教學工作的創意工作者，「英」代表學科名稱，而「魁」有二種意義：一為創意（creativity）的諧音，一為奪冠之意。我們團隊的成立與發展歷經五年，約略可分為五個階段，簡單說明如下：

（一）雛型期

工作坊的前身是個三人讀書會，成立動機非常單純：分享教書的苦樂、

解決教室現場的問題。96學年度第一學期，有三位教學年資不到五年的年輕老師自發性成立小型英文教材教法讀書會，指定閱讀不同章節，輪流擔任主講者，一學期約定7～8次聚會，每次一節課，定期討論並分享英文教學理論與實務經驗。期間是一整學年二個學期。

（二）探索期

97學年度，團隊成員擴增為五人，認真為探索永續發展的可能性而持續努力。希望能有組織架構讓工作坊順利經營，透過會議討論出集會模式：(1)固定的開會時間，(2)固定的開會地點，(3)不固定的主題，(4)不固定的主席，(5)簡易的會議記錄。經過一學期呼朋引伴，人數到達七人，透過越來越多的討論與腦力激盪，營造出「不能沒有你」的氣氛，漸漸地確立了團隊的努力方向，於是決定成立「創意工作坊」，以師生共同成長為目標。這段時間多半著重理論的研討，重視聽說讀寫四種技能養成的方法論，在確立創意工作坊的發展方向後，展開逐一落實教室現場的各種實驗課程。第一學期邊討論邊實驗，且戰且走，第二學期先討論後實驗，更加順利。

（三）行動研究期

98學年度是團隊的實驗行動年，成員們意圖追求思維上的改變、教學方法的創新，在前任高栢鈴校長（目前為新北市板橋高中校長）建議下，更名為「教學創意工作坊」，目標是：將問題帶進工作坊，將創意帶進教室。這段時間成員增加到十一人，所有成員會將討論後的活動落實在每班教室現場，上半年主要進行閱讀與寫作活動，成員自訂活動名稱，包括：「閱讀小窩」、「閱讀城堡」、「閱讀溫度計」、「網路閱讀班」、「合作閱讀班」、「高一寫作養成班」、「高三作文實驗班」等

計畫，由資深教師進班觀察並做成記錄，定期追蹤各項活動進度，最後在期末時分享執行成果。團隊成員對成效感到滿意，充滿信心之下，決意於下半年將成果推向全校性的活動，具體落實各項課程，包括：「高一高二寫作班」、「高三模考作文聯合講義寫作教學」、「英文小說閱讀班」、「高一高二英文拼字大賽」、「萬聖節南瓜燈比賽」等等。

　　這段期間的成員為了改變學習情境，開始多媒體融入教材的製作學習。學習內容包括：(1)ppt製作；(2)英文學習網路平台資源分享；(3)DV錄製；(4)影片剪輯軟體：威力導演；(5)Youtube影音解碼；(6)Moodle教學平台；(7)Blog架設等。團隊老師不吝將自己所會的皮毛功夫彼此分享，凡有不足之處，再商請資訊老師支援，提供講義，或情商資訊老師開班授課。我們一方面不斷地充實資訊融入教學的能力，另一方面也增加團隊老師之間的互動學習機會。

（四）穩定成長期

99學年度團隊運作日趨成熟，「英魁工作坊」決定參加教育部教學卓越獎的競賽，目標是實現追求教學卓越的理想。經過長達半年的努力，一方面整理四年多的教學成果，一方面仍不停止我們的教學創意，終於在走出校園的第一次有了露臉的機會，一舉拿下高中職組教學卓越銀質獎的殊榮，這一年稱得上是團隊的收割年。

　　得獎後的掌聲並沒有讓團隊成員停止成長，反而低調且虛心自省，一切回歸基本面，重新學習。此階段工作坊成員積極學習多媒體工具的操作與使用，希望能與學生更貼近，學習：(1)使用電子白板；(2)製作電子書；(3)操作同步錄影等。進一步改變教學現場中教與學的傳統模式，藉以提升學生的學習動機，並促使僵化的英文教學活潑化。

（五）快樂分享期

100學年度團隊繼續穩定的發展，因為前一年的得獎，能見度大為提高，中和高中內部產生質變，工作坊的邀約分享也陸續展開。

1.中和動起來

首先是數學科成立專業社群，接下來國文科、社會學科、藝能科的專業社群一一成立，而英文科全體二十位老師都投入專業社群活動，除了英魁工作坊之外，另外成立了音樂組（分古典音樂與流行音樂）、小說組、拼字組，定期開會討論，並分工設計教材教法。

2.吃好逗相報

團隊在過去四、五年時間進行了無數的課程設計與實驗，也受到教育部教學卓越獎的肯定，希望能將「合作與分享」的概念推廣出去，所以接受全國許多學校的邀約，以小團體面對面說明的方式，介紹中和高中推動英文科專業社群的實務經驗，內容涵蓋專業社群、創意教學、特色課程等，分享的學校多達四十所。

3.處處有知音

在過去的二年中陸續傳來好消息，如桃園陽明高中英文科成立讀書會，徐匯高中成立劇團工作坊，三民高中成立英文工作坊，基隆女中進行合作教學，新竹中學合作開發多媒體教學等等。只要各校有新的成長或困難，我們都會彼此分享、互相鼓勵。101學年度有新店高中老師直接加入我們的社群，景文老師調到萬芳高中，仍定期回來分享與學習，師大研究生應尹甄加入工作坊進行觀察，讓我們有了跨校的合作經驗，收穫更多了。

有你真好

回想過往，這絕對是一個「無心插柳柳成蔭」的成功經驗。團隊成員形成讀書會，成立創意工作坊，以「英魁工作坊」之名參加教育部教學卓越獎，都是在「因為我喜歡這個團隊，所以我樂意去付出」的心態下完成每一件工程。在多次前往分享的經驗中，不斷有人提出質疑：「推動工作坊或所謂的專業社群一定很艱困？」甚或「在我的學校一定不可能！」事實上，走過這一段歷程的我們可以很明確的回答：「完全沒問題。只要想改變，一切都會不一樣。」

必有高人指引

鄔文仁

　　民國96年9月，中和高中的教師會，有一個受過企業界五年洗禮，進到學校教書八年的老師，被選為教師會理事長，剛剛從無法接受「被陷害」的負面情緒中平靜過來，準備做一點事，他想著當年在業界的團隊學習經驗，和高中老師面對的孤單，決定創立一個討論教學的教師社團。訊息公佈以後，只有二位老師表示有興趣參加——王思穎和徐溥徽老師，理事長想：此時不以身作則，更待何時？於是，三人的英文教學討論團隊形成了。

　　民國99年9月，這個已經有八位老師的團隊——「英魁工作坊」得到全國教學卓越獎的銀質獎，抱走30萬獎金。他們獲得學校記每人一大功的獎勵及隆重的表揚——在校園中庭一字排開，由校長逐一介紹，並敲響象徵學校最高榮譽的「榮譽鐘」。他們下定決心要把參加工作坊的好處推廣出去。

　　民國100年的某一天，郭慧敏老師告知：有一位專家陳佩英教授注意到我們團隊，邀請她去開會，並告訴她「英魁工作坊」所做的是教師的「專業學習社群」（Professional Learning Community），簡稱PLC。郭老師說雖然也有其他的PLC，但是自主發起、由下而上、不是被命令成立的，當時在臺灣的高中除了「英魁工作坊」外，好像還不多見。

　　民國101年的今天，「英魁工作坊」還在持續運作中，這個PLC的魅力不減當年，不同的是已經有跨校的夥伴加入這個工作坊。他們為何加入？因為這裡供應教學快樂丸，讓老師喜歡學生、「迷」上教學；這裡

能開挖潛能寶庫，每一個老師不只來向他人學習，也向自己內在的潛能進行挖掘和開發；這裡像是個教師同盟會，老師在心靈深處因著教學理念和作為的互享而結盟；這裡在進行希望工程，因為當問題找到答案，成功教學的藍圖一一浮現，未來就有了希望。

原先不知道何謂專業社群的人竟然也能做出專業社群，我只能相信那個當年出身業界，後來去教書的小夥子有「高人」指引，不然憑他的能耐，怎能想到會走出這條撼動教育界的路？

You Complete Me

王思穎

初為人師

　　猶記得剛開始教書的頭幾年，每天上課，我總是戰戰兢兢、如履薄冰，因為被台下無數雙渴求知識的眼睛緊緊地盯著，他們期待著今天的收穫。每每想到這，我不禁捫心自問：我真的有足夠的教學技巧能及知識嗎？他們走出課堂，是不是真的能夠帶走些什麼？我找不到答案，也不知道這些問題是不是只發生在我身上，惶恐糾結的心情一直未曾被撫平，直到我遇到了一個改變生命的契機。

志趣相投

　　那年剛帶完第一屆學生，覺得自己有很多不足的地方，這時，學校剛好有個英語會話社團，於是我懷抱著期待提升自我能力的心情加入。剛開始成員人數不多，因此能對談的時間多了很多。漸漸地，會話內容變成教學方法的討論，這時我才發現原來我並不孤單，我們在教學路上都有過類似的掙扎。後來，加入的同伴越來越多，英文科創意教學工作坊正式成立，我才發現原來教學的世界是如此的寬廣，而我有幸得以欣賞這麼多美麗的風景。

火花激盪

　　在每次討論教學議題的過程中，工作坊每一位講者都無私地分享自己在課堂上所做的活動以及豐富的教學經驗，成員也會竭盡所能地提供

自己的意見看法。這種相互激盪創意、彼此加油打氣的學習氛圍真的很棒，我從熱烈的討論中得到許多啟發，甚至顛覆原本的教學信念，我才知道：原來教學可以這樣充滿創意及活力。最棒的是，有一群志同道合的同伴，在教學的路上我不再孤單，取而代之的是一種歸屬及支持感。

更好的人

在這個團體中，除了汲取大家的教學經驗外，我努力希望自己也能夠有一些貢獻。懷抱著這樣的信念，在做每一個教案或教學活動設計，我都倍感開心及充實。更棒的收穫是，學生在看到我參與工作坊產生的變化後，似乎在學習上更團結，也感受到不同的教學方式及創意。因為這個團體，我的教學世界改變了，學生的學習世界也跟著改變了。感謝工作坊的每個人，You complete me！

一個溫暖的家：工作坊

蔡青倩

緣起

踏入英語教學已十五年，當中的徘徊、不安、掙扎多如牛毛，至今依然熱愛這份工作，回想起來，應歸功於兩個決定：第一是和鄒文仁老師一起報考政大ETMA，充了四個暑假。第二也是最重要的，在文仁熱情邀請下，加入當時只有五、六位成員的英語工作坊，每星期一下午，大家一起討論自己的教學活動、面對的問題及困難，或是閱讀心得。

收穫與心得

當初只是想找人聊聊，抒解教學壓力，突破教學瓶頸，沒想到在大家腦力激盪下，我們先由工作坊幾個老師的力量來推行討論後可行的活動，然後在自己班上進行實驗，再推廣成整個年級，甚至全校的活動，例如拼字比賽、刻南瓜活動、英語歌唱比賽、作文聯合講義等。這樣的經驗在我的教學生涯中是難能可貴的，原本以為不可行的理論竟變成實際的教學活動，而且，我因為能參與全校英語教學活動感到興奮，對自己的教學更有自信，也更勇敢地想去嘗試之前沒用過的教學活動。我發現此時的我較不會墨守成規，把自己的教學侷限在框架中。

在每次聚會中，大家帶著自己的專業，針對某個主題進行腦力激盪，無私的分享後，形成可行的教學活動；然後各自帶到班上，進行活動；等教學結束後，再針對各自做過的細則進行檢討，彼此給予回饋意見，企求相似的活動下次做得更盡善盡美。

衝突與調整

還沒加入工作坊前，中和高中的英語教學環境給予老師十足的自由，我熟悉並習慣這種方式，也建立了自己教學模式，加入工作坊後，我才有機會知道別人的教學理念、教法與細節。這當中，當然與自己熟悉的有不少衝突，會懷疑某些作法的可行性，不敢放手去做，所以，剛開始時內心有很多掙扎。另外，參加工作坊、做活動與討論，占去不少時間，不僅有些作息要改，有時教學進度也會拖慢，需要調整。在心情上，常常討論完後，知道自己的教學還有相當多盲點，需要學習，但對團隊又有相當大的信心，覺得沒有不能解決的問題——這種有時覺得自己渺小，但又同時覺得可以做大事的情緒，真是矛盾啊！

改變

郭慧敏老師提出要參加教學卓越獎，團隊老師便一起討論、整理資料、製作簡報。參賽過程中，大家為共同目標打拼，凝聚為一個極具向心力的工作團隊，每位夥伴彷彿已經成為彼此的家人，知道自己並不孤單。參賽結果其實不重要，因為我會永遠記得決賽前一晚，大家在飯店中的促膝長談及歡樂笑聲。沒想到會得獎，真是為我們團隊注入一劑強心針，大家都以身為工作坊一員為榮，也強烈感受到一個人的力量與團隊的力量的確有很大差異。現在的我已經改變，變得更有自信、更踏實、也更確定自己要走的教學路。如果缺乏靈感或因學生問題心情沮喪，我一定不會「走投無路」，因為我知道總有一個大家庭可以依靠：英魁工作坊。

英語教學的靈感啟發加油站

吳璧妃

自民國97年9月開始參加中和英文科的創意工作坊，至今101年，已經有四年半的時間。回想當初，在97年期間擔任英文科召集人，希望能多瞭解、參與英文科的活動，而且當時校長、主任常常提醒大家要有參加教師專業評鑑計畫的準備，所以在督促自己能夠多方學習的動機下，我參加在中和行之有年的英文科創意工作坊。

今年是我從事高中英語教學的第十三年，可以說是半個資深教師了，但是我不想一成不變以升學考試為導向的填鴨教學，希望在課堂上學生可以與老師有更多的互動、可以有機會培養學生獨立的思考能力與自我表達，而我在工作坊裡與老師的討論活動中，找到了這樣契機。也就是說，工作坊是我在英語教學裡最好的靈感加油站，我總能透過與同仁的討論得到教學啟發與實現課程。

在這期間，有兩個活動令我印象深刻。99年，工作坊提出一個一、二年級萬聖節雕刻南瓜燈籠比賽。南瓜採買後，我讓三個任課班級花了整整兩節課分組設計雕刻南瓜燈籠。活動開始前，先在班上播放思穎老師提供的教學PPT，實作的兩節課裡，我與孩子有很多有趣的互動，例如和同學一起討論如何雕刻哆啦A夢的造型南瓜，有同學不斷要我猜猜他們雕刻的主題，更有頑皮的理組班男生把刮下的果仁直接在教室後方煮南瓜火鍋，還盛了一大碗給我做中餐。大家都玩得很開心，也更多元瞭解西方的萬聖節傳統活動，都牢記了jack-o-lantern（南瓜燈籠）的拼法。這樣的活動體驗，學生與我都是前所未有，大家都印象深刻。

　　在此同時，高三同學參加的是鬼故事創意寫作比賽，因為任教高二，不必避嫌，我自願擔任評審。記得幾位評審一開始對前三名作品並無共識，但和青倩老師、景文老師、薇竹老師經過認真的討論，終於達成協議。幾近辯論的評審過程中有一些碰撞，但最後還是得出一致結論，這樣為自己的想法辯護與妥協很有意思，覺得自己好像某個重要藝文獎的評論家（I felt like a literary critic then!）。之後，我將評選出來的前六名作品掃描在電腦上，讓導師班的文組學生欣賞、討論與評分。多數學生看得很開心，有人得意地挑出學長的文法小錯誤，有人抱怨看不懂。最後我再請學生評選名次並說明原因，學生討論得很熱絡，還有人自願報名參加明年的比賽！

　　因為參加工作坊，我結交了很多志同道合的好同事好朋友，大家固定在教研會時間相聚討論分享，每次不同的主講老師都會準備不同的討論主題、點心飲料。四年多以來，工作坊的點點滴滴都是我豐富多元的教學紀錄與生命體驗！從這些充滿熱忱與想法的老師身上，我提醒自己不要只當個教學生考試的教書匠，期許自己在未來的教學生涯裡，能夠當個願意嘗試與願意做事的教育工作者！（I wish I can be a will-do and can-try education worker in my following teaching career!）

這些年，我們一起追逐的夢想：
「改變」與「創新」

劉添喜

　　從民國94年「高中職社區化」英語研習營開始，慧敏老師教授「網路英語學習」，並邀請建國中學、北一女中老師跨校講座，讓我耳濡目染前輩們教學的熱情與活力。97年加入英語科創意教學工作坊，「專題討論、問題解決及心得交流」已經成為我教學與生活中重要的一環，所謂「他山之石，可以攻錯」，在工作坊的相互學習氣氛中得到驗證。

　　民國98年剛開始接觸電子白板時，滿心期待自己的教學挑戰邁入新里程。不料，技術生澀，一波三折。有一天，慧敏看了我的教學PPT，說道：「添喜，我覺得這裡可以聯結網路，順便教導學生如何運用網路學習；另外，『錯誤歌詞』可以讓學生邊唱邊挑錯，挑戰學生的專注力。」她隨口而出的創意奇想使我多樣的評量方式與教學內容瓜熟蒂落，水到渠成。天啊，雖然只有簡短幾句話，讓我佩服不已，激動許久。

　　當年校內「英文寫作班」夜間授課時，慧敏幫我錄製教學實況，事後仔細審視教學影片，驚覺自己的說話速度太快，身體偶爾不自覺地擋住學生視線。透過錄影，經由自我及團隊檢視，提出了方案或對策加以改進。為什麼慧敏可以一語中的，想想無他——熱情與用心。這種無私無我的經驗傳承一直迴盪我心，時時提醒自己：鍥而不捨，時時學習。

　　此外，工作坊裡匠心獨運者俯拾即是。例如，璧妃分享的歌唱教學檔案：將歌詞打散成任意排列之段落，鼓勵學生重組成有意義的段落；

另外，為了參加99年教育部教學卓越獎，大家前仆後繼地腦力激盪創意標語；還有文仁對於「英文寫作班」所下的標語：「我寫故我在，不寫我不快！」是何等豪氣，何等恰如其分！接著，在參賽前幾天，原本以為長期努力的心血已到了最後拍板定案時刻，只須稍微修改，即可結束漫長的煎熬。不料，景文一夕之間靈光乍現，提出新的PPT模組版面，顏色鮮豔，對比強烈，用字遣詞更勝原版的平凡樸實，令人眼睛為之一亮。驚喜之餘，不免為眼前無法逃避的繁重壓力感到疲憊，因為長期使用電腦「剪下、複製、貼上」，已經出現「腕隧道症候群」。心裡一直掙扎：唉，真的還要再修改嗎？但既然大家覺得景文的突發奇想更具創意，那麼，再忙再累，也得大幅改版。「透過團隊合作學習，更能有效達成目標」不就是我們一直追求的嗎？

在工作坊裡，人人暢所欲言，常在哄堂大笑中發揮「與君一席話，勝讀十年書」的效果。慧敏的身教言教，宛如暮鼓晨鐘，發人深省，使我深信鑽石的璀璨光芒來自於極度的壓力淬練。長年目睹她兢兢業業、孜孜不倦於教學與自修，批改學生作業更是嘔心瀝血，就像春風化雨一般，點滴在心頭。她的努力已經改變現狀，她的創新已經走向卓越。這些年，我們一起追逐的不就是「Yes, we can.」嗎？何其有幸，我躬逢其盛，身在福中，正享受著快樂學習與快樂成長的喜悅！

Yes! We CAN Change!

臺北市立萬芳高中　鄧景文

「教師專業學習社群」？沒聽過。「英魁創意教學工作坊」？那可是我教學生涯中最特別最充實也最溫暖的一段經驗了！

民國97年夏天，新學期剛開始，我剛轉調到國立中和高中，有位同科同事說：「我們每星期的共同時間有個workshop，大家做些經驗、感想的交流分享，歡迎你一起參加。」教學年資屆十年，我已差不多發展出一套教學模式，但又擔心模式定型，往後會變成一個教書匠，便迫不及待的加入。

教學工作坊的成立過程不再贅言，每週一下午，光是要抵抗「下午沒課」的誘惑，或是要推開手邊做不完的工作，忍住連連的呵欠，打起精神到工作坊，都需要強大的毅力。但每次討論完，都覺得自己再度充飽了電源，對教學再度燃起熱情。就是這樣，讓我一加入便上癮，雖然我再度轉調至他校，至今仍每週回來參與。

How do we change? 工作坊的運作方式

每學期第一個星期一，大家先將整學期的開會時間定下來，同時把有興趣的主題列出，包括：教學上所遇到的困難、教學心得經驗，或教學理論新知等，然後各自認領一個主題和日期，作為當天的討論主講人。主講人閱讀相關資料或文獻，整理想法，製作講義，並列出問題，大家一起討論。經由大夥熱烈討論，困難或瓶頸也許便找到解決應對之道，即使懸而未決，至少找到努力的方向，對教學現況也有更全面的瞭

解。教學活動的設計經過實施前討論與修訂,實施後再分享結果,作為回饋與經驗傳承。主講人對某一主題相關文獻的研讀,也帶領大夥重溫唸書時追求新知的感覺,同時創造將理論與實際對照的機會。

近年來,由於教師專業發展評鑑之議題延燒,教師專業學習社群被視為教師專業發展最有效的方式。回頭檢視數年來工作坊累積發展的運作模式,體悟當年幾位老師自發性出於「不希望自己的教學變成一灘死水」的發想所開展出的教學工作坊,竟與教師專業學習社群驚人地符合!我們教學工作坊的運作方式包括:

(一)協同備課:與同年級教師共同準備教學資料,設計教學活動並討論。

(二)教學觀察與回饋:每學期選擇至少一堂課,由工作坊老師協助,將自己的課堂教學錄影。這堂課的教學活動,有些是新嘗試,有些事先經由工作坊討論修改後的實際實行,影片會在工作坊中作為分享討論的資料。

(三)同儕省思對話:經由討論,大家就自己的教學、學校英文科的現況,發現不足與待改進之處;或是在做了改變之後,前後對比檢視改變的成果。

(四)建立專業檔案:工作坊所有討論均做紀錄,並將講義及紀錄逐年建檔,工作坊教師也因主講與分享的需要,無形中建立了累積檔案的習慣。

(五)案例分析:工作坊成員涵蓋不同年級的英文老師,常會將自己的任教班級案例或學生個案提出討論。例如分享英文學習成就較高的學生個案之背景、學英文的方法等,也可做為其他老師鼓勵自

己班級學生的參考。

（六）主題探討：工作坊所討論的，皆與教學或班級經營相關，包含教學理論方法、學生學習現況分析、培訓各項英文比賽選手的策略、專書閱讀、電影觀賞心得分享等。

（七）主題經驗分享：工作坊教師提出自己的教學活動設計、補充教材、教學媒體檔案，或是延伸教學活動計畫等，經由分享交流集思廣益，讓每個教學活動的實施更流暢，也更有效益。

（八）新課程發展：經由討論後，大夥往往發覺現行課程需要有所改變才能更符合學生學習需求，而正式課程牽涉層面廣，變革不易，因此除了個人課堂所進行的課程內容有所改變外（例如在現有課堂時數中擠出一些時間來另外進行班級閱讀計畫、寫作計畫等），工作坊教師還在課餘時間合力開設英文小說閱讀、英文寫作等非正式課程。

（九）教學媒材研發：例如電子白板、電子書、網站、網路短片等在英文課堂上的實際應用分享等。

（十）教學方法創新：例如班級拼字比賽、片語表演、英文歌曲教學等教學活動，都是先有主講人某一次的分享與討論，工作坊教師各自依情況調整修改，實施後再於工作坊中提出分享回饋，如此一次次累積發展出創新教學方法。

（十一）行動研究：工作坊教師提出教學現場所遇到的問題，經由討論後找出解決方法，付諸實行，再檢討並修正，這樣的過程符合行動研究的精神與模式。

（十二）新進教師輔導：我是個新進教師，參加工作坊之後，不僅更快

熟悉同事，不再感到孤單，有一種「有問題知道可以找誰問」的安全感，也縮短對學校學生情況和特色的瞭解所需的摸索時間，更快進入狀況。

（十三）專題講座：經由工作坊教師討論後，針對有需求的主題，向教學研究會提出建議，舉辦相關主題的專題講座。

Why can we change? 工作坊的成功條件

　　教學工作坊至今能夠運作五年多，非常難能可貴。根據個人觀察，工作坊成功的條件有兩方面：

（一）教師成員之間

1. 工作坊成員最初的動力是希望能活化教學，讓自己的教學不會一成不變，也能對學生的學習有更大的助益和成效。因此，共同的信念便是「Yes, we can change!」

2. 工作坊之所以能達成其成效，有賴於成員之間的「信任」與「分享」。自己教學上的困難要向其他教師啟齒討教，已經不容易；要對其他教師提供建議，也會擔心自己是否野人獻曝，或造成他人壓力。而每份教案、講義、每個教學活動設計，也都是自己不曉得多少個不眠夜晚的心血結晶，願意讓其他老師「坐享其成」使用或再修改，心理要調適；討論過程中各種看法意見相互撞擊，既要能欣賞撞擊所發出的美麗火花，也要能化解可能被火花灼燙的感覺；既要互相支持打氣，也要彼此切磋砥礪，而一旦有人開始不吝分享之後，那種受益、受感動的感覺就會帶動其他夥伴「我也要有所回饋」，開啟一連串良性的互動循環。由於教師大多單打獨鬥慣了，也各自有教學理念，合

作不易，因此工作坊成員之間以開放的心靈相待、相互信任與分享的這種氛圍，是讓我覺得最溫暖、也是我最珍視的經驗了！

（二）教師與行政單位之間

如果沒有行政單位的經費、場地、設備等支持，工作坊的運作一定大受限制。而校長不時地給予肯定、行政單位願意接納工作坊討論後所建議的事項等，也是極大的支持。

What can we change? 成果與成長

教學工作坊的成立與運作，其初衷便是教學要有所改變。教學改變後，學生的學習成效不一樣，連帶地，在學校組織中隱隱形成一股改變的影響力，也算是意外的收穫。

（一）教師本身的成長與感動

透過大夥的熱烈討論，個人的教學方法更靈活，學習到他人的經驗，問題獲得解決，充實教學新知，擴展教學理念，得到同仁間彼此「擠燒」（台語）的支持與安全感。對我個人來說，最重要的是，教學的熱情因這一切得以持續燃燒。工作坊讓我的教學精進，幫助學生學得更好，這正是我身為教師所負的使命。

（二）學生學習成果的展現

學生學習成果獲得提升，是教學工作坊的最終目的。因為教學不再死板，學生最明顯的表現便是學習動機提升，課堂參與度增加，慢慢的也看到學業成績的進步，學生參加校外競賽的得獎成績變佳，學測和指考的英文作文平均分數提高。這些都是教學工作坊的成效，也是讓工作坊老師持續參與不懈的動力。

（三）學校組織文化與動力的改變

不可諱言，並不是每個人都喜歡「改變」。學校英文科裡難免會有一些對工作坊質疑（「何必把自己搞得那麼累？」）和同情（「好辛苦喔，沒課還要留下來」）的聲音，也不免會有一些因為「工作坊」和「非工作坊」標籤所產生的意見衝突。但漸漸地，工作坊發揮了一些影響力。例如，當教學工作坊老師經過討論、在各自的班級舉辦某一項比賽後，覺得可以辦成全年級或全校性比賽，於是在教學研究會提出討論，據此成為具學校特色的比賽活動。而校內其他學科也陸續成立教學工作坊，各自依其學科特性運作中。

Yes, we did, we do, and we will change more!

教學工作的特性之一是自主性非常高，因此教師間的合作特別不容易。由三位不斷鞭策自己提升的英文老師所組成的讀書會，到發展成固定九位成員討論精進教學的英魁創意教學工作坊，以活化教學為初衷，提升學生學習成效為目的，憑藉著彼此的合作、信任與分享，我們的確做了一些改變。但教育環境是變動的，教學對象也是變動的，我們仍期許自己，永遠做一個教學靈活有新意、對學生學習有更大助益的老師！

我在工作坊的學習、感動及成長

陳薇竹

前言

有幸來到中和高中，至今已是第六個年頭。很高興在這裡遇到許多對教學有熱忱及理念的老師，在工作坊中，更是看到許多楷模。大家不藏私地分享自己實際運用有效的教學方式，還常常看到前輩老師積極的腦力激盪，也在課後真誠的傾聽及給予寶貴建議，為常在教學現場感到疲憊的我注入了一股暖流。成員彼此分享，讓我常重新思考，在教學現場上，老師該扮演什麼角色，而學生又該在什麼位置。

首先要感謝的是工作坊的大家長慧敏老師。她那有如火車頭般不斷帶領大家往前進的教學熱情，不斷感動在場的每一位。感謝她為大家默默地付出及和藹的教導。如果沒有她，我很難想像現在的工作坊會是什麼樣子。

另外，工作坊中還有許多常熱情幫忙的前輩，如文仁老師、添喜老師、璧妃老師、青倩老師及景文老師。另外，一些好同事像思穎、建志、雅凡、靖芳也常提出許多很好的問題及看法，使我有機會再次去思考自己可以如何調整。

以下我要分享我所遇到的困難，及如何藉著工作坊所學到的點子獲得成長及突破。

我遇到的困境及在工作坊學到的解決方式

長久以來，在升學導向的思維下，我一直以為teacher-centered的教

學方式最能達到教學的成效，並使學生分數提升，但我忽略學習興趣及學習動機才是使學生不斷前進的主要動力。到了工作坊，在許多同仁的分享及鼓勵下，我決定在繁忙的課程中放入一些以前我曾一度認為是浪費時間的課堂活動。其中，添喜老師所分享讓學生以演戲的方式來複習課程的點子，深深打動我心，所以，在某次月考前，我特別設計3課的片語及單字，共34個題目。每班事先選出4位自願者，要先把單字及片語看熟。同時，要求全班同學先準備，因為我將舉行一個競賽，方式是台下的同學要猜出台上同學比手劃腳的是哪個字或片語。參與的同學大都是英語學習較弱的同學，當他們獲得演出機會，都非常高興。我也賦予這些同學帶領其他同學唸單字及片語的責任，他們雖然大都英文不太好，但卻能大膽開口帶大家唸，也露出享受學習的神情。另外，我注意到台下同學不再死氣沈沈，因為看到同學在台上熱烈的參與。我發現，原來讓學生能有這樣參與課程的活力才是教英文的真諦！

　　另外一個活動是英語歌曲Karaoke大賽，這個點子最早由文仁老師大力提倡。一開始，我真的很懷疑學生能不能選到適合的歌曲，也不太確定他們能否從中學到東西。我宣佈要辦Karaoke比賽時，在三個班獲得非常多的支持。原本我只打算讓自願的少數同學參加，但後來太多人對這個活動有興趣，就變成全班性的活動。小老師先交出各組的工作分配表及曲目，同時每組要去Youtube收集每首歌的無歌詞配樂。讓我感動的是，同學因為找不到無歌詞的配樂，自己費工的把歌曲人聲的部分去掉。主持人大都由小老師擔任，有一班因為太愛這個活動，主動推出主持人人選。為了讓同學更投入，便採學生互評的方式。在活動進行中，每一組都非常緊張，同時也非常投入及開心。有些班級還費了很多時間

編舞、製作精美PPT。有的帶了許多道具，有些則像是偶像團體一樣，擺出整齊劃一的隊型及手勢，讓許多同學不斷地喊encore，一邊不停拍照，連下課鐘響還久久不離去！在這個活動中，我看到小老師兼當主持人的成長，也看到許多同學不同的才華及努力要表演好的團隊合作。

結語及成長

在這些活動中，令我最感動的是第一次看到同學在學英文上不但嫌不夠，還主動去挖更多資訊，享受學習，且要一直繼續學習的態度。在那時，我終於瞭解student-centered的活動不是理論，而是教學中不可或缺的重要元素。而我因參加工作坊，再次使自己的教學更有活力，也使學生知道如何享受英語的學習！謝謝工作坊的夥伴們，有你們真好！

我在英魁工作坊的365天

陳建志

連城路上的中和高中孕育無數莘莘學子逾二十寒暑，我曾在此實習，雖然短暫待了一年，卻深切感受到老師的諄諄教誨及無私奉獻。我立志要回到這溫暖的地方，幾經輾轉，總算有幸實現夢想，再續前緣。

緣起

離別多年，面對隔閡，不免戰戰兢兢，我努力適應並融入這工作環境。英魁工作坊的大家長慧敏老師在我徬徨之時邀請我進入團隊，種下這珍貴的緣份，也開啟我人生的另一扇窗。初來乍到的怯生不安在幾次的交流後不復存在，取而代之的是那熟悉的溫情。

成長

工作坊臥虎藏龍，夥伴個個身懷絕技，卻樂於分享。對教學的熱忱及尋求自我成長突破的雄心形成一股無法言喻的默契，緊緊維繫著每個老師的向心力。大家齊聚一堂，每週的主講人呈現富含知識性的議題，如醍醐灌頂，注入了教學的創意與新思維，激盪出可運用在實質教學的點子來活絡教學氣氛，提升學生學習興趣。此外，在與學生互動及班級經營上偶有挫折及衝突，工作坊成員便互相討論、尋求解決，適時的安慰與心靈的平撫讓受挫的老師看到一線曙光，在教育未來的路上能日益茁壯。無論專業、情緒管理、危機處理上都大有斬獲。

果實

　　英魁工作坊是個優秀的團隊，在我加入前一年，榮獲教育部99年教學卓越獎。身為其中一員的我也期待有朝一日能榮耀這個惠我良多的團隊，慧敏老師聽到我的心聲，邀我一同參加教育部100年高中資訊科技融入教學資源創意應用徵選活動比賽。準備過程中，經過無數次討論及協調、分工、互相合作，運用多媒體結合網路資源、融入聽說讀寫等教學任務，兼顧認知情意技能層次，結合學習及生活經驗來設計多樣的學習單，將學習的主要責任回歸學生，讓他們從做中學。啟發他們運用多元智慧及網路完成自主與合作學習，展現創意及批判性思考的能力、磨練做專題小研究的技巧，並訓練用brainstorming來problem-solving的技能。作品完成後不斷的校對修正，獲得全國英文科特優的殊榮，初嘗甜美的勝利果實，我體認到合作教學可以免除教師單打獨鬥的盲點，融合更多元的看法，以不同角度切入，讓整課教學更精彩完善；更重要的是從資深的慧敏老師處汲取多年經驗累積的智慧，一窺不斷求上進的教師應該有何作為的風範，同事間的情誼又更深一層。

展望

　　參與英魁工作坊，個人希望未來教同年級的老師可組成小小的分隊，討論每課的教學活動，以減輕備課負擔，並將珍貴的檔案、學習單分享歸檔，成為工作坊的資源。此外，能勇於接受挑戰，結伴參加英語教學的比賽，時時督促自己不斷進步；最後更希望將工作坊的運作模式，藉由友校老師的親身經歷和老師在校外的演講推廣到各地，為英語教學略盡棉薄之力，讓學子樂於學習，愛上英文。

英魁工作坊學習心得

林以凡

前言

　　這是我展開教學之路的第一年，身為代理教師，經驗十分不足，在剛開始教學時，往往會參考實習指導老師的教學方式。老師在教導學生閱讀技巧時，很重視分析文章架構的能力，會要求學生將每課的架構以圖表或關鍵字的方式呈現；我也受大學教授的影響，她不斷強調概要（outline）的重要性。因此我認為，如果學生在高中就能學到我大學才懂得運用的技巧，閱讀能力將會有所提升。

問題與困難——是否該教導結構的觀念（structure）

　　抱持這樣的理念，我在上學期任教的三個高一班級介紹架構的觀念，上完第一課的課文，我說明何謂重點句（topic sentence），帶學生找出段落大意（main idea），並找出段落中支持大意的例子（example）等，學生的表情傳遞出一知半解的訊息，我想也許是因為他們剛接觸高中課文，對文意的瞭解已經很懵懂，還要分析整課架構，似乎吃力。接下來的兩課，我改以Q&A的方式帶出整課大意，讓學生邊回答我的問題，邊完成學習單上的架構表，學生漸漸習慣以這樣的方式瞭解課文，但我也發現一些問題，如：架構技巧是否對學生理解課文有實質幫助？若就考試成績來看，似乎沒有，同時還有點耗時；對某些同學來說，可能只是換個方式講解課文，或漸漸視為例行公事，即使我一再強調此活動的意義及對閱讀和將來寫作的幫助，學生似乎沒有太大回饋；又或許

結構的分析難免使學生感覺較為無趣，於是在心裡產生許多掙扎。

解決的尋求

雖然深知自己帶給學生這個觀念一開始就不是以提升成績為目的，但學生吸收的效果似乎有限，因此在工作坊中提出此問題，想請教老師們的意見。記得有兩位老師提出不同的意見：文仁老師給我的建議是，他也曾做過類似的活動，每一課都給學生架構的概念，但他認為，就學生英文程度的提升來看，並無太大見效，成績上的反映也是，有些學生始終無法瞭解結構組織的意義，因此，老師建議我不需要花太多時間做此活動，不如讓學生搞懂基本的課文內容和文法等。

而青倩老師以她帶過的學生情況來看，在高一二就接觸閱讀架構觀念的學生，高三寫作文的能力比未接觸過的同學好，組織文章的觀念較為清楚，老師覺得這是可行但眼光要放長遠的活動，建議不需花太多時間，每課稍微帶一下結構即可。

成長與省思

感謝工作坊經驗豐富的老師提供的意見，討論過程讓我感受到，老師對某一教學活動有不同看法時，意見的衝突其實會激發很大的能量，互相溝通並傳遞想法的同時，也讓往後欲執行的老師產生更多的靈感。因此，這學期開始，我調整呈現課文結構的方式，不再堅持以此帶出課文大意，而是在上完課文後，讓學生寫出學習單上幾個關鍵字，對他們來說似乎更簡易明瞭，一樣能對課文結構的發展有所掌握。其實經過上學期的訓練，學生已不需太多指導就能辨識每段大意，因此在最近一

課，我決定不給學生文字提示，他們必須分組討論學習單上的圖表需填
入哪些字，結果學生的討論過程意外認真且熱烈，似乎引起他們想解題
的動機，連下課都還有同學在討論答案，我體會到大部分學生已能夠認
同並運用結構的觀念，感到無比開心。

中和高中英魁工作坊的所見所思

國立臺灣師範大學教育政策與行政研究所研究生　應尹甄

能夠進入英魁工作坊進行碩士論文的研究，係聽從指導教授陳佩英老師的建議。記得老師第一次對我談起中和高中英語科專業學習社群時，眼神中充滿熱情與好奇，從她口中得知英魁工作坊是十分特別的，因為英魁工作坊之發展經過其他社群不同，成果也十分豐碩。於是，透過指導教授的引薦和中和高中各位英語老師的同意，我獲得進入研究現場的機會，帶著緊張又期待的心情開始我的研究，也有幸得以看見社群網絡開展交織的樣貌與歷程。

英魁工作坊之所見——無私分享的社群精神

專業學習社群強調社群成員實踐的公眾化，聚焦於實務問題的討論，彼此交換個人教學經驗，以此持續檢討、審視、改善個人的教學，進而累積與建構處理教學工作的能力，以無私分享達到社群實踐公眾化之途徑。經過近一年的參與觀察，我發現英魁工作坊運作的最大特點即是老師們毫不藏私地相互分享，藉由相互對話、交流與借鏡，進行教學反思、改善教學。除此之外，藉由教學歷程敘說，我看到每一位老師在教學歷程中，經歷多重而複雜的事件。當某一位老師分享教學實務，提出自己的所見、所感、所思時，自然地會引起其他老師的共鳴，大家會嘗試拋出各式各樣的解決方法，同時也會喚起過往的較佳實務經驗，團隊的學習與成長也因此開展。

無私分享的社群精神，滋養社群的意識與行動，社群之發展也就不

是一種由上而下的管控方式，而是能讓成員了解彼此，學習社群自主、相互支持，在互惠、共享的互動中找到成長的方向與方式；老師們的成長可以說是從個人主體性到互為主體性的集體成長的建構歷程。

英魁工作坊之所見——緊密的情感連結

透過交流與分享，老師自身的經驗成為夥伴的鏡子，於是藉著個人的經驗，召喚出「集體記憶」的可能，而讓不同經驗的「相似」與「相異」性，在相互觀看的過程中擴展每個人的經驗與觀點。經由個體經驗的對照，串聯他者經驗，讓生命經驗可以藉由相互觀照，產生蘊含個體獨特性的社會意義；而這樣的集體記憶有助於凝聚共同情感，產生了緊密的情感連結，也看到結構性的共同處境。

曾聽到英魁的一位老師說過，他視社群為「我的工作坊」，也就是英魁工作坊的個別老師志願參與，帶給他熟悉、舒適的感受。因此，伴隨在社群中的成長是個體共同建構的歸屬感，社群的每位成員好似一個磚塊，為共同成長搭建鷹架。社群的歸屬感猶如黏著劑，將工作關係黏成如同家庭的親密關係，在家庭中成員不只強調自身的好，更在意家庭整體的好，為了維持自身感到舒適的處境，每一位社群成員皆願意花心力去維持，社群的永續成長因緊密的情感連結而產生。

隨著研究進入尾聲，我帶著滿滿的收穫離開英魁工作坊，但離不開的是近一年來參與這群英文老師們的專業熱忱。從他們身上看見了一群老師為了教育努力不懈的態度與精神，透過參與專業學習社群，構築出緊密而強大的支持網絡，匯聚了綿密的動能，老師們從中獲得持續學習的途徑，教育專業也得以持續提升。對我來說，書本上學到的理論原來

只能憑空想像或看似遙遠，但在我進入教育現場，距離拉近了，透過英魁工作坊，書本的理論得到印證，我也體會到實踐的動態與活力。感謝英魁工作坊給我難得學習的機會，讓我一探無窮變化又極富意義的專業學習社群實踐。

What & How

1. 有人參加一次討論會之後決定退出，卻覺得很抱歉，該怎麼辦？

   告訴他／她沒有關係，這是一個自由進出的空間，想來就來，沒空就先去忙重要的事，哪一天覺得想過來，隨時歡迎。

2. 有人來參加一次討論會，自願擔任一項計畫案的主持人，希望工作坊背書，到手後再也不出席會議，引起眾人不悅，該怎麼辦？

   關起門來在會議中大鳴大放，宣洩不滿情緒，然後以理性角度重新檢討這件事情的始末，作為以後處理類似事件的參考。記得吃虧就是佔便宜，何況誰占便宜還不清楚，討論完就釋懷了。

3. 非工作坊的同科老師在正式會議中提出排除異己的字眼，如「是你們工作坊的決議還是英文科的決議……」，該怎麼辦？

   立即跳出來以和緩的語氣向全體與會人員解釋清楚，並以謙卑的態度堅定捍衛工作坊的立場，希望對方不要再使用挑釁的語言。

4. 工作坊要怎麼進行才會長久？

   集體合議制是做任何決定時的必要方式。容許大家有不同的意見，經過討論、衝撞，形成共識才全力推動。記住：沒有哪一件事非得立即做，過一陣子待時機成熟自然水到渠成。學習等待黎明是重要的人生課題。

5. 決定推動一項計畫時，例如開設寫作班，推動拼字比賽，辦理萬聖節南瓜燈比賽等活動，要如何進行？

   要有一個人跳出來提計畫書草案，供大家討論時的參考，修正定案後馬上口頭報告教務主任，並將草案電子檔交給教學組長，方

從心學習
——聽專業學習社群老師說故事

What & How

便主任與組長提供必要支援有所依據，讓行政人員方便，更容易獲得支持與信任。有了互信，一切好辦。

6. 確定辦理全年級或全校性的活動時，要如何說服所有英文老師同意加入？

團隊成員分年級透過私交盡全力溝通、傳遞正確訊息並取得絕對多數同意就算是共識，有了共識就容易推動，允許不完美是必要的體認。

一起轉動，共同前進

——宜蘭高中 PLC 的轉輪

近年來隨著國家教育政策之改革，因應而生許多學校型計畫，企求提升教師教學及學生學習，並積極鼓勵學校辦理教師專業發展評鑑，然而評鑑兩字帶給老師無論是在實際工作或是心理層面之負擔均不小，進而排斥參與；宜蘭高中透過行政單位系統性地推動由下而上的教師專業社群，使教師瞭解在評鑑之外追尋共同專業成長的快樂，帶動科與科之間的輪轉，和享受共同學習和教學創新的樂趣。

※作者群
　　仲偉苨　老師
　　周士堯　老師
　　林德龍　老師

宜蘭高中PLC之輪轉社群成員

張惠祝老師
李菊英老師
陳堂儀老師
王沛芬老師
林德龍老師
劉文靜老師
詹芙娟老師
張嘉盈老師
仲偉苨老師
陳映廷老師
林怡甄老師

一起轉動，共同前進
——宜蘭高中PLC的轉輪

仲偉芃[1] 林德龍[2] 周士堯[3]

學校簡介

宜蘭高中位於宜蘭市東南，已有70年歷史，原是傳統男校。在學生組成特質與學校發展下，學生數理方面表現優異，近年數理學科能力競賽、科展競賽成績表現傑出。在過去的歷史背景發展下，宜蘭高中是宜蘭的地區國中生心目的明星學校之一，每年有超過200位以上同學可進入國立大學，其中約有70位可升學台清交成政等傳統名校。在優秀國中生多至該校就讀情形下，學風相對開放，教師教學多元自主，教學以教師個人特色為主。

隨著推動高中社區化計畫後，宜蘭縣教育資源走向均質化，相對蘭陽溪以北有四所公私立高中，位於蘭陽溪以南的羅東高中以積極教學與男女兼收的招收優勢，成為宜蘭縣高中入學基測分數最高學校。宜中的招生區在擠壓後，招收學生的基測成績分布從PR99至PR70。教師教學也面臨許多挑戰，學生的學習落差加大，學習態度被動等都衝擊原有宜中的教學文化。

為了改善學生學習情形，突破學校的不利困境，宜中在九十六年開始申請高中優質化計畫，透過E化設備的建構與扶弱拔卓的策略逐步改造學校的硬體環境。在九十八年宜中開始透過優質化的經費推動教師專業

---

1 英文社群撰寫人，英文教師兼任實驗研究組組長
2 國文社群撰寫人，國文教師兼任校長秘書
3 行政推動撰寫人，地理教師兼任教務主任

學習社群，凝聚學校的教學團隊文化，透過下而上的教師力量，聚焦創意教學與本位課程。

　　以下有兼職行政老師分享社群推動的行政經驗，也有學科社群教師的分享社群經營的心路歷程。

社群發展的背景

　　一般學校的校訓是禮義廉恥、勤奮進取，但宜中的校訓很不一樣。走進宜中大門，你可以看到一塊校友捐贈2公尺高的大石頭，上頭刻有「全校一家」的校訓。「全校一家」，使得校園文化溫馨和諧，老師間的感情融洽，學科老師常相約一起打羽球、爬山、騎單車等。然而這樣的互動多為情感面，在高中課程已走向專業分化後，教師仍個別獨立進行教學準備，同科或跨科教師的教學研究與討論較少，多以一對一討論交流為主。雖然有教學研究會，但多半都是例行性的議題討論與分工。老師們並不習慣主動分享教學心得，也較少提出個人教學困難，甚至在傳統的氛圍裡，老師間彼此還有些競爭的壓力，例如有些老師自己編制的講義不願被其他未任教的班級使用，希望自己任教班級成績能比其他班級高。這樣的情形在學校外部壓力逐漸增加下，逐漸有越來越多的老師關注學校的整體發展與教學的成效。

　　由於當時自己接任教學組長，開始參與高中優質化計畫的推動。在申請優質化計畫時，「聽說」必須辦理教師專業發展評鑑，不然很難申請通過。所以校長一一面談，邀請許多老師參加教專評鑑試辦計畫，希望藉由申請教專能爭取到優質化經費。然而第一年參加教專評鑑的老師似乎被煩瑣的評鑑表格與會議給嚇到了，不少人沒有順利完成該年教

專評鑑資料，第二年有意願再參加的老師也少了一半。這樣的結果讓我們反過來思考計畫本身的意義，思考怎樣的計畫才對學校整體是有意義的，並且能融入學校現有文化，而非為了申請計畫而申請，爭取越多經費才顯示學校是優質有競爭力的迷思。

在優質化計畫進入第二期程後，我們開始由下而上推動教師社群，希望能由各學科教師社群由下而上發展，聚焦教學的專業與創新。然而接任教學組長一年後，自己因行政空缺轉任教務主任，由於資歷很淺又沒太多經驗，要如何推動PLC，沒有太多的想法，只能走一步算一步。

雖然沒有太多方法與策略，但是如果找到貴人相助一樣可以順利進行。由於在推動教師專業學習社群之前，國文科教師就嘗試辦理讀書會，本身已有自然形成的團隊氛圍。在和科主席溝通說明後，鼓勵國文科將讀書會改成教師專業學習社群。當時的科主席林德龍曾兼任教務處行政工作，對相關行政流程瞭解，很快就將原有的讀書會轉化為專業社群的學習計畫並提出申請。大部分的國文科教師都參加，社群的學習討論也開始逐步啟動。

國文科的社群開始運轉後，我還期待能有其他學科能一起發展。第一年推動教師專業發展評鑑失敗，我們在推動教師專業社群時的步調格外緩慢，對外說明成立社群好處超多，有得吃、有書拿、有得玩，每學期只要進行三次以上分享，型式不拘。但這樣的配套仍然很難喚回老師對行政的信任，許多學科仍以觀望的態度觀察PLC的政策。這樣的發展使得兼職行政老師只好自己先來做，幸好我們有專業且有教學熱情的行政兼職老師、行政兼職組長和幾位私交甚好且有共同興趣目標的夥伴，開始尋找主題合作設計專業社群學習活動。

　　為了推動專業學習社群，教務處由教學組金旺組長負責行政庶務，並請實驗研究組進入現場推動。兼任組長偉芃教師扮演行政與教學的橋樑——英文社群召集人，並與文靜、嘉盈、芙娟、映廷老師等申請「Fun英文」的教師專業學習社群。由於英文科教師在近年新聘許多新任教師，對教學很有熱情與衝勁，可以一起承擔社群的分工，加上偉芃老師熟悉社群發展的目標，又能及時將社群的問題與需要回饋給行政系統，整個英文科社群有了很好的開始。在99年上學期的教務會議中，文靜老師分享英文科社群的成果，首先帶給其他科老師許多刺激與鼓勵。99年下學期再由國文科德龍、志遠老師分享社群經驗，100年上學期又有歷史科惠如老師進行分享，每次分享都有感動與驚喜，不但讓不同科目進行學習交流，發展跨科整體學習的思考，也透過全體老師的回饋鼓勵了創新發展的教師團隊。社群經驗與成果的分享，逐漸引起其他科目教師的關注，逐漸點燃教學熱情。

　　在實施99新課綱後，課程與評量的變化需要教師更多討論與釐清。配合1.5倍的班群多元開課，各科需要發展學校本位的選修課程；各科課程評鑑資料也需要科內教師合作蒐集，因此提供各學科教師更多合作的機會。許多學科雖然沒有申請社群，但學科內部的討論也逐漸熱絡，提供PLC社群發展的條件。

　　在社群的醞釀階段，兼任行政的組長與熱心的科主席扮演重要的角色，可以說是社群發展的領頭羊，協助將上而下的行政計畫政策轉化為下而上的學科特色活動。回顧社群萌芽的初期，學校行政需要對領頭羊的老師回應及時解決，經費申請預借、物品採購、轉發公文、邀請講師，提供建議等都需要專人負責協助，行政有哪些系統策略可以支持社群的運作呢？

推動社群的系統策略

高中教師面對課程的改革、教學備課和學生輔導的壓力都相當大，老師也已發展出一套教學成長的既有模式。如何讓老師認同專業社群的模式可以更有效率提升成長，但不會增加額外負擔？我們盡量提供有意願的老師嘗試機會，讓老師感受到社群的益處。為了支持老師嘗試社群的環境，以下分別從人、事、時、地、物來說明行政推動的策略。

沒有人就不會有社群，學科科主席是學科輪派的召集人，也是協助行政溝通的橋樑。在推動第一步，先召開科老師會議說明社群的說明會，並盡量簡化申請的表格、做好範例說明，以免繁雜的程序影響學科申請的意願。此外，學科中也有許多熱心的老師，透過私底下的拜託邀請協助學科召集人，協助社群活動的交流分享，有了召集人與社群的成員，才有辦法進行社群活動的規劃。

有了「人」之後，接下來是「事」，社群要做什麼事？要怎麼做？行政可以引導一些方向。例如學科教師中有人對某種教學教法有興趣、創意學習單分享、指導學生競賽的分享、E化教學的分享、試題分析、課程評鑑檔案整理、學校本位課程，部分社群的活動可以搭配學校既有的政策，讓社群老師有一魚兩吃的感覺。而社群活動推行的行政程序，教學組都盡量協助。教學組協辦各項研習簽呈與計畫擬定、輔助核銷各項費用，讓社群老師感受到學校的支持。金旺組長甚至將社群補助的費用預借給社群召集人，雖然有時遇到不能核銷的收據，夾在總務與老師之間，苦思解決之道。但社群召集人可以安心又彈性的使用補助經費，不用為請購與核銷傷腦筋，專心經營社群，便可減輕許多的困擾與壓力。

在「物」的部分，宜中幸運的申請到高中優質化的經費，可以從寬補助社群講師鐘點費、教學材料物品、聚會的便當與讀書會的參考書

籍。社群的互動增加後，有些學科會提出跨校交流、校外參觀等活動，教務處也視情況盡量簽請公假參訪，不但提升社群老師的視野，也凝聚教學價值的核心。對於社群提出的學科主題活動或是教學設備需求，學校也排列優先經費補助，讓社群老師更有能量可以發揮創意與熱情。

在時間方面，雖然各科都有共同備課的半天時間可以進行社群活動，但社群召集人、主要負責人在配課與排課上，仍可視情形盡量提供完整的空堂，以利活動的進行與討論。如果是跨科的社群，就必須另外安排共同時間，通常是第五節課，讓中午的便當會可以延續，也視需要安排某節課讓社群的老師進行協同教學，或者進行共同觀課討論。

在「地」的部分，教務處將原有學校小會議室設置為學科社群的討論空間，為了佈置氣氛，還到IKEA訂購書櫃組裝。並透過校務基金盈餘，補助部分學科社群發展專屬討論研究室，提供教室空間、電腦、討論桌與書櫃，讓社群成員就近討論，且有固定的場所擺置社群物品。

雖然成立社群有很多好處，但很多老師仍對參加社群後是否有許多工作與報告趕到疑慮，學校事先和各社群溝通，不必配合績效或提出期末成果書面報告，只需選擇三次左右的活動作簡單記錄，上傳網路知識管理平台即可。記錄的目的是幫助社群成員整理學習心得，歸納社群發展的方向與軌跡，提供不同社群間交流。透過優質化計畫經費，補助購置XMS知識管理平台網站，作為本校的知識管理平台，隨時更新行政發佈的社群資訊，並且提供各社群活動交流與參考，沒成立社群的學科可以透過網路知識管理平台認識社群的發展。學校裡許多老師原來並非社群成員，但也加入學科舉辦的社群活動，就這樣，社群的人數越來越擴大，社群申請的學科也增加為五個學科。

What & How

高中老師的自主性高，常為獨立工作。如果製造機會讓大家聚在一起，就能增加互動與信任，逐漸延伸為社群活動，以下幾點建議提供參考。

1. 中午便當會：提供便當讓老師中午留校用餐交流，不用奔波，有時間進行交流。

2. 購置學科參考書籍：購置學科相關書籍贈與科內老師輪流閱讀，並鼓勵進行交流討論與分享。

3. 經營學科主題活動佈告欄：請學科協助佈置佈告欄，或參與校園其他公共空間佈置，定期張貼與更新學科新知、活動或學生成果。佈置過程的討論，可以讓科內老師進行對話與分享。

4. 辦理校外參訪：利用定期考試或其他時間安排全科老師參訪外校，增進科內老師感情與信任，並透過參觀的對話學習他校長處，刺激教學熱情，發展本校特色。

5. 試題討論：定期考結束後，對於有疑義的答案、非選的給分都可以進行討論，進一步可以就各班分數分布、試題答對率、鑑別度提作試題分析討論。

6. 辦理指導學生專題與競賽研討會：學生參加學科競賽，如果有同科多位老師協助，將可獲得多元觀點與建議，準備的廣度與深度也會增加。如果將指導學生的資料分享，也有助科內的經驗傳承與分工，分享過程對有參加指導參賽的老師或是未來準備指導的老師都會有幫助。

行政學習社群先行

在推動教師專業社群初期，除了協助各學科組織專業學習社群外，學校兼任行政老師及職員也同時發展學習社群，由人事室安排嚴謹的課程與討論，帶動學校的社群發展氣圍。98年，吳清鏞校長贈書給行政職員，並在輔導室的帶領下成立了讀書會，討論《世界又熱又平又擠》、《叛逆少年的成長》、《吃朋友》等書，並進行相關影片欣賞。運作一年多後，逐漸形成星期二下午的社群共同時間，並由人事室接手規劃社群活動內容。這樣的社群研習和以往辦理的行政研習不同，首先是研習的內容以行政團隊業務應用或橫向聯繫的相關內容為主，學校裡不同處室的業務彼此支援、審核與督考。過去在教師兼職行政老師輪替下，很少有機會進行跨處室對話，因不瞭解不同處室工作內容、業務法規，很容易造成誤會，經由橫向聯繫的報告分享，可增進團隊彼此的瞭解與體諒。

其次，社群研習的講師通常為校內各處室兼職行政的教師與教職員，有必要才邀請校外專家擔任講座。這樣的行政社群研習，每學期約十場，校長在時間允許下幾乎全程參與，間接鼓勵了創新與分享的老師，也提高社群成員的參與率。社群分享的第一場便是從校長開始，校長就企業管理觀念、治校理念與教育變遷，和大家分享宜中的組織再造。接下來總務處就財務管理作分享、會計室就請購核銷法規報告、學務處談學習與服務、教務處談E化教學與知識管理、輔導室談生命教育、圖書館談閱讀推廣。再進一步，又有衛生組談CPR與急救、註冊組報告造字系統、文書組分享公文處理、庶務組報告財產管理、體育組帶領體適能運動、主任教官談學校安全……等。

　　當社群成員分享報告到一個階段，人事室開始邀請外聘專家發展同仁的專業行政能力，並擴展多元學習，例如邀請縣政府檔案室專家指導公文撰寫與管理，邀請各領域專家分享茶道坐禪、健康保健與音樂欣賞。這樣的社群課程設計讓學校行政團隊逐漸形塑為學習型組織，團隊之間的關係與合作也更緊密了。

　　學校是一個整體的教育場所，每一個教職成員、每一個處室場所都負有教育的責任。優質的行政團隊能夠積極支援老師教學、協助學生學習，不是只有老師，學校的工作人員都應認同學校教育的願景，積極參與進修成長，打破處室藩籬與保守心態，以因應外在教育環境的改變與面對挑戰。

What & How

行政社群成立，初期引導重點如下：

1. 校長如果參與社群學習討論，不但能拉近行政關係，更令社群夥伴感到學校支持與肯定。對於沒有參加社群的成員而言，也有一些壓力。

2. 社群活動可以動、靜態穿插，讓內容更生動活潑，如棉花糖的建塔挑戰競賽(http://www.ted.com/talks/lang/zh-tw/tom_wujec_build_a_tower.html)、體適能運動、急救、器材操作等。

3. 為協助新進的行政人員儘快進入狀況，也可設計一個專業領域的題目讓新進人員在社群中報告，一方面讓新進行政人員盡快融入行政團隊，一方面也可增進彼此的合作與配合默契。

英文學科社群經驗分享

英文科社群從無到有，等於開啟轉輪的開關。

98學年度校務會議通過，我們成為第一批參與教師專業發展評鑑的學校之一，校內老師為熟悉專案內容、參加研習，加上需互相觀摩教學並撰寫互評檔案資料，忙得焦頭爛額，因此，98學年度下學期，當「教師專業社群」的新名詞傳入大夥耳中，即使校長、主任祭出極為優渥的條件，呼應聲仍不踴躍，畢竟，在忙著處理「教師專業發展評鑑」檔案資料的當下，教師專業社群之「專業」二字很難讓人感受到善意。

「教師專業社群」推動月餘，成效十分有限，只好請兼任行政的老師們協助推廣，我就是在這樣的情形下，第一次看到計畫書範本。當時感到些許無奈，手上拿著的是學校希望大力推動，但老師們因為不甚瞭解而興趣缺缺的計畫書。社群的主題內容若是不夠誘人，很難一舉成功；若沒有一舉成功，未來要再次在科內推動，恐怕就更為不易了。

正在煩惱社群主題的同時，校內的課程也在默默進行著。一日，帶著整班同學到電腦教室，下載由 popcap games 出版的線上遊戲 bookworm adventure 網路試用版，本來的用意是想讓同學們在段考後玩點遊戲作為調劑，沒想到成果非凡，原本對於「拼字」完全提不起勁的同學竟然對於「拼字打怪獸」有著大相逕庭的反應。第一次看見同學們用發亮的眼睛看著英文字母，絞盡腦汁要將眼前的字母拼湊成可用的單字，直到下一節上課鐘響，還不願離開。隔日，幾個同學興沖沖特地來告訴我：「老師，昨天晚上我回家破完試用版全部的關卡了！」同學們的興致，讓我體認到「遊戲」在課堂中所擁有的力量。幾乎同一時期，

「桌遊（boardgame）」這樣的辭彙，也在社會中傳開，自歐美國家引進各式各樣的桌遊，成為新一代年輕人的團體娛樂。當時，我手邊正好有與英文教學相關的桌遊，便想：若是邀請老師們一同玩遊戲益智，再一同構思可以應用在課堂中的教學活動，應該是開發專業社群一個不錯的起點。

英文科第一學期的專業社群就打著「認識教學輔助用具」的名號展開了。我們借用發現頻道的「Fun Taiwan」名稱，將社群名稱取做「Fun English」，希望將制式的計畫書包裝得有趣一些。但是由於初試啼聲，許多老師對社群的運作不甚瞭解，擔心需投入的時間太長、需要擔負重大責任等等，初期參加社群的人數約只有英文科的一半而已。由於還是希望將社群的概念推廣給科內每一位老師，每一次的社群會議，我們都還是會邀請英文科全部的同仁，老師可以斟酌自己的時間以及當次的討論主題決定是否參加。實施幾次後驚然發現，熱衷社群活動的老師比原先計畫書上的人數多出許多，老師們的積極參與，其實正是社群能繼續運作下去很大的動力。

第一次社群的主題是有關拼字教學的遊戲，老師們分組實際操作各項遊戲後，討論遊戲應用在課堂上的適切性，並將遊戲規則稍作修改，規劃成適合全班一同進行的活動。大家玩得很盡興，討論也很熱烈，這是我們的社群初體驗。出乎意料的，社群的聚會帶動了科內「遊戲大探索」的風潮，文靜老師瀏覽無數網站，細閱無數遊戲規則，發掘了許多練習口說及拼字的遊戲，我們找到了遊戲進口商，將遊戲買回，並於社群中試玩、討論可應用於課堂上的活動，並在社群會議結束後帶入課堂實驗，再於下一次的社群中分享教學結果。老師們透過彼此分享，拓展

了遊戲應用的層面,原本口說遊戲的規則稍作修改後,亦可發展成寫作、聽力的練習。

　　幾次的社群活動,從英文科夥伴身上學到很多。一直以來,宜蘭高中英文科的夥伴都是這麼默默的經營著課程,設計有趣的活動與漂亮的講義,一屆一屆,以不同的方式帶領學生學習,每一位老師在教學上投注的心力都不可言喻;然而,能夠一同聚會的時間有限,期初、期末教學研究會上,單單討論提案以及例行性的事務,都還會感受到時間的急迫,遑論教學的交流分享,也因此,大部份的時間,我們都在自己的工作崗位上默默奮戰著。社群的建構,提供了英文科夥伴教學分享的平台,不僅增進科內教師的交流,同時也活化了教學。偶而,會見到幾位老師利用課餘時間在校園一隅研究著新添購的遊戲,分享應用於教學的新點子、有趣的教學活動、可應用的講義等,這才驚覺社群的意義比「社群會議」來得廣義的多。透過社群,我們對於並肩作戰的工作夥伴多了一層的認識,也在不知不覺中發展出了緊密的情感!

　　英文科社群透過遊戲奠定了基礎,第一學期社群主題除了介紹有助於聽、說、讀、寫教學的各項遊戲外,另包含教學活動分享、學生課外讀本介紹以及讀書會等,內容相當豐富,雖然還是個十分幼嫩的社群,卻已在遊戲聲中啟動了英文科的轉輪。

　　有了第一學期的基礎,99學年度上下學期的兩次社群在推動上就順暢許多,原因有二:一是成員招募順利,老師們發現社群並不是可怕的組織,同科夥伴定期聚會分享是開心的事,因此紛紛點頭加入;二是運作形式確立,有了第一次的經驗,舉凡時間的安排、主題的選定、進行方式等,都因大家的默契而如順水推舟般確立。上學期以寫作為主軸,

大夥分享教學活動、經驗、批改方式與標準，高中英文老師面對學生為了大考硬著頭皮擠出的作文，常有強烈的無奈與無力感，分享科內夥伴在寫作教學上不遺餘力的努力，還有資深老師的甘苦經驗，總會獲得些許療癒效果，也產生了繼續與學生作文奮鬥的能量；下學期則推動科際交流，配合英文課本選文內容，邀請歷史、公民、美術科老師針對二次世界大戰猶太人大屠殺、美國黑人人權運動、繪畫中的希臘神話等主題，進行深入的探討，使英文老師對於選文背景有更完整的認識，課程準備上，也能更旁徵博引且得心應手。

轉眼間，英文科教師專業社群成立已兩年有餘，不知不覺中，「社群」已經從大家敬而遠之的計畫成為自然而然存在的交流平台，原先所預想的其實一樣也沒少：需要額外付出的時間、隨之而來的責任與壓力、輪到自己分享時的緊張感……，卻早已被分享的喜悅及學習的愉悅感所取代，原本的憂慮，在這一正一負中化為雲煙散去。

英文科的轉輪開關開啟了！教學現場所遇到的種種問題、希望在教學過程中追求的理想一一進了社群主題的口袋，等待未來的某日，成為大夥一同腦力激盪的主題。我們期待小齒輪的轉動能帶動整個機座的運轉，在英文教學的路上，日漸精進。

國文學科社群經驗分享

國文科一向很有理想性，只是缺少了些交結的契機，而社群的推動連結了彼此，也順利地轉動了同仁之間的輪軸。

因教學內容龐雜，科內老師多年前就啟動起資源共享的理念。一課有一份資料夾，若有老師蒐集到新的相關資料，就影印一份放入，當

時洋洋灑灑七、八十份擺開，是頗有氣勢的，不僅象徵了老師的雄心壯志，也跨出了彼此之間的藩籬，願意進行分享。只是隨著教師手冊、教師用書及補充教材的資料日增月益，使得放入資料、使用資料的情形越來越少，資料夾反成了佔空間的障礙物。

資料夾的分享雖成明日黃花，但還是有老師抱持著熱忱推動國文科的成長。在幾位老師的默契下，國文科讀書會成立，從指定書籍、指定分享人到彼此討論，參與的興致頗高。只是老師們平日耗損於課程中的精力過於龐大，加上對指定閱讀書目的意見頗多，所以讀書會從一個月一次跌到兩個月一次，又因所挑書籍與實際教學課程的連結性不大，所以維持不到一年就夭亡了。

這期間，理想雖然斷斷續續迭有挫折，但因高中職社區化多年的推動，國文科一學期仍然固定至少有兩場以上的研習，還不至於淪落到教師專業零成長的窘境。只是忽然而至的「教師專業評鑑」，卻引來了科內較大的反彈。

「專師專業評鑑」於98年堆動，希望受評老師透過教學觀察，得知自己在教學上的盲點，立意頗為良善，只是初階課程要另修22個小時才算通過，在教學忙碌之餘，這是不算小的負擔，加上對於已經從事多年教職的老師而言，課程內容吸引力不大，所以找了新進五年內的老師，當作是推動這波計畫的白老鼠。

沒想到一波未平，一波又起，「專師專業評鑑」的負擔抱怨尚未止息，又來了一個未曾聽聞的「教師專業學習社群」。未知的惶恐帶來不安，怕的是要付出更多的心力，來應付那些助益甚少的資料堆疊。所幸此次擔心是多餘的，98學年下學期一次的校外PLC研習，由科內四位老

師參加，研習中藉由齒輪轉動的例子來說明轉動力量的驚人與影響力，並宣導透過社群轉動，自主性地由下而上推動共同目標或願景的理念，達到教學上的專業自主。於是「國文科的教師專業學習社群」便在教務處的行政協助下，順利在科內展開。

由於人數沒有硬性規定，只要志同道合的老師都可以參加，且分享的內容可以自行安排，形式不拘，並補助研習時的午餐費、書籍費，吸引了老師參加的意願，此次獲得科內三分之二共十位的老師響應，且還不包括怕臨時有事不能出席的老師，也就是說國文科夥伴幾乎共襄盛舉，國文科的社群也在一場一場的分享下，無壓力地拉進了彼此的距離，發揮轉動的力量。

兩年下來，成效頗佳，科內沒有排斥的言論，且分享的內容多元豐富，有教學方法的創新、主題經驗的方享、寫作創意的發揮、有教學媒材的運用……。起初或許老師唯恐「野人獻曝」，所以徵詢擔任主講者的意願時，老師多半採取學習者的態度，較不願主動擔任主講者。所幸總有一兩位充滿熱忱、經驗豐富，且願意分享的領頭羊來引導大家，他們呈現的教學創意給了夥伴很多的啟發，於是一場接一場的創意就不時在國文科的教師社群中呈現，累積至今，已經有十五位老師進行分享。其中「復國巷傳奇：顧盼一九四九」活動深獲好評，此活動以毗鄰宜蘭高中的「復國巷」榮民為採訪目標，藉以體會兩岸的歷史傷痕與印記，故透過國文科與歷史科老師所進行的協同教學，引導學生藉由歷史回顧，瞭解一九四九前後臺灣與中國歷史。運作過程中，不同領域老師引領不同組別學生進行歷史回顧與訪談，到最後各班優良報告、心得及採訪影片都獲得公開展示與發表機會。除此之外，實地走訪李榮村文學紀

念館、林美地區社區藝文活動、臺北市語文班成果分享、明道中學情境教學觀摩等，亦豐富了社群的內容，拉高老師們的視野；更難得的是，這些分享內容多是科內老師主動提出，所以參與度比較高。在社群的運作下，不僅為老師的教學注入創意的活水，且藉由分享，相互學習到更多同事的教學創意，而能見賢思齊，直接運用於教學現場中，有如此實質的助益，提高了老師參與的意願。課堂外，常有老師看到不錯的資料便主動分享，或將教學資源、教學心得與教學成果張貼於國文科公告欄，供大家欣賞。至此，社群運作在國文科內算是穩定持續發展。

其實，一直以來都有類似的研習來增加老師的專業成長，只是多由學校安排講題、場次，教師心態總是被動居多，而國文科老師過去主動推展的讀書會又因總總因素導致無聲無息地終止，此時「社群」的啟動，除了繼續連繫科內的互動外，彼此之間的教學分享、成長，是讓老師比較願意主動投入的成功因素，加上行政資源的挹注，無形中更增加老師參與的意願，而一次教務會議的分享，獲得校內老師的極大掌聲，更鼓勵了科內老師對社群所付出的心力。教務主任在校外分享宜中社群的推動時，也以科內的推動成果為示範，與他校進行交流，如此都讓國文科社群的運作取得極大的成果。

建立了良好的互動模式與運作基礎，是這兩年來最大的收穫，老師投入其中，彼此互相觀摩、互相學習、互相激盪，在在可見社群良善立意所顯現出來的效果。不過，這只是一個好的起始，我們不會滿足現狀，未來會以學期或學年為單位，更有規劃地設計分享的主題。譬如分析校內學生在學習國文科時所易遭遇到的瓶頸，以宜中學生而言，語文表達能力是較弱的一環，三年期間的寫作訓練往往較零星片斷，缺少三

年一系列的寫作進程，期能針對「提昇學生寫作能力」這一主題，先由少數老師先行規劃出三年的寫作方向，再由諸位老師主動認領有興趣的主題作內容設計，分享實施後，進一步觀察學生寫作能力是否有所提昇。亦可將學生佳作張貼於班上、國文科公告欄、投稿宜中刊物《風雅青春》或各報社，並進一步參加文學性的比賽，如此一連串的鼓勵，定會讓「教師專業學習社群」從老師的學習落實到學生的成長，將更能深化教學成果，畢竟學生的進步也是老師教學熱忱的最佳催化劑。

「登高必自卑，行遠必自邇」，國文科在教學上跨出分享學習的第一步，小小的分享如石投湖心，漸漸漾起漣漪，未來行政資源若能持續投入，相信以目前的基礎，國文科教學的永續發展，是值得期待的。

組織文化的轉變與永續發展

機械的「齒輪」是由多個凸形的輪子與多個凹形的輪子所組成，凹凸不同的輪子若能密合運轉，便可產生動能，不但不會彼此衝突破壞，反而因啟動輪轉帶動其他部位產生更大的力量。學校裡不同的老師就像齒輪的凸形與凹形一樣，有不同個性或思維，若能發掘社群的願景與前進的契機，社群彼此透過齒輪相互相嵌，就能一起轉動，共同前進。

不同大小的齒輪特性不同，小齒輪旋轉速度快，大齒輪轉動扭矩大，不同尺寸齒輪的組合可以將速度與力量透過轉動傳遞下去。學校裡，人數少的教師社群轉動快，教學創意多，成效明顯。教師人數較多的學科轉動慢，教學改變少，但能夠產生更深層的影響。每個學科齒輪各有特色，如果依照正確的順序排列轉動，整個學校就容易動起來。高中學科的專業提升，切割了知識整體的學習，分科教學形成個人主義的

教師文化，使教師逐漸孤立、封閉與保守，有賴以合作方式開啟對話與多元教學，點燃教師熱情，發展教學創意，這就是教師專業社群的推動初衷。

回顧宜中發展社群的過程，一開始是以學科為單位推動學科內部分享，參與的人員以新進老師為主。形成一定模式後，開始出現跨學科的對話與合作，例如國文科與歷史科合作的「復國巷傳奇：顧盼一九四九」，生物、地理、歷史與國文科合作設計「東北角海岸與南澳自然農業」的校外教學，成果令人欣喜。

教師專業社群最可貴的地方在於自發性的成長，與教師共同願景的凝聚。這樣的改變或許無法馬上看到成效，但卻是組織裡永續性發展的轉動契機。學校行政可以透過系統性的策略扶助社群的發展，但應盡量減少績效的要求與目標，並鼓勵社群自行發展主題與方向。雖然教師專業社群使參與老師增加了分享的壓力，定期聚會壓縮老師備課的時間，額外的教學活動更加重老師的負擔，但所有的社群活動都是社群教師認同的有意義工作，也因此參與老師雖然辛苦，並不覺得累。

宜中褪去過去明星學校的光環後，逐漸透過PLC發展的轉輪開啟教師專業成長與教學創新，組織文化也透過共同願景的追尋出現了質變。然而這些社群發展的成果都仍在起步階段，後續社群的發展仍在考驗召集人的帶領智慧與學校的支持策略，只有永續的社群發展運作機制才能持續轉動社群，專業社群產生的質變才能持續深化至組織內部。

小船變戰艦
——臺北市立中正高中環境科學教學團隊

　　科學實驗班往往被學校、老師或家長視為「國立大學直升班」，反而忽略了科學實驗班的本質在於發掘學生對於科學的興趣。若學校的校長和老師有意推動以學生興趣為主之科學實驗班時，如何開始呢？有哪些關鍵的弱訊息需要被捕捉到？，校長的角色和領導又是如何？在中正高中環境科學班的案例中，可以看到教師專業學習社群如何為關鍵推手，從零開始逐步開展，小船如何可以變成戰艦，等你去發現。

※作者群
簡菲莉校長

中正慢水樂活環科班
社群成員

陳華傑老師
程一華老師
王舒瑩老師
陳瀅如老師
曾淵達老師
楊小娟老師
黃玫琪老師
林沛潔老師

太魯閣蓮花池生態營

環科班教學研究會

小船變戰艦
——臺北市立中正高中環境科學教學團隊

關於中正

　　臺北市立中正高中的前身為「臺北縣立士林初級中學」、「士林中學」，而後於民國64正式更名為「臺北市立中正高級中學」。本校設有普通班18班、美術班、舞蹈班、音樂班、體育班及英文資優班各1班，另有依特教法提供一個身障資源服務的班別。民國98年，我接任中正高中後，以「大氣洛城‧大器中正人」願景，期許學校團隊合力營造藝術紮根、人文底蘊、科學為重的學校教育。

　　自99學年度起，本校透過學校課程發展委員會的討論，及學科教師社群投入創新課程的實驗計畫，陸續在學校特色課程營造面向，推出跨學科或跨領域的實驗課程，例如：以在地文化理解與認同為主軸的「軟橋」校本課程；以完備全球化環境變遷素養為理念的「環境科學專題」課程；以接軌國際數位資訊競爭力為目標「智慧電動車」資訊專題課程；以及結合英美語文與多元文化城市建築藝術的「從洛城看世界」設計思考主題課程；還有本學年度甫向教育部顧問室提案的未來人才培育創新課程計畫：「串連知識與創意的高中生問題解決行動方案」等，教師團隊面對全球化趨勢與在地化優勢的教育挑戰，積極回應的行動與實踐（如表一）。

表一：臺北市立中正高中98～101學年度創新課程實驗計畫說明

創新課程 實驗計畫	起始 年度	主　　題	教師團隊	補助單位
「軟橋」 校本課程	98 學年度	關心學校在地文化理解與認同為主軸，培養學生品格力與學習力。	孫細、許孝誠等6位跨領域教師團隊	教育部高中優質化計畫
「環境科學專題」課程	98 學年度	培養學生動手實驗的實作課程，並以完備全球化環境變遷素養為理念。	陳華傑等12位自然領域教師團隊	教育部高中優質化計畫
「智慧電動車」資訊專題課程	99 學年度	接軌國際數位資訊競爭力為目標	賴和隆等三位資訊教師團隊	國科會科教處高瞻計畫
「從洛城看世界」設計思考主題課程	100 學年度	結合英美語文與多元文化城市建築藝術	蔡紫德、李憶慈等5位教師組成的教師社群	教育局資訊專案暨教育部國際教育
串連知識與創意的高中生問題解決行動方案	101 學年度	發展高中生探索卡工具並培養問題解決與創意實踐課程	趙麗華等10位教師組成的專業學習社群	教育部顧問室未來人才培育計畫

　　其中，「環境科學專題」課程的發展，是小船變戰艦的真實歷程，從負面訊息的覺知到正向能量的擴散；從單兵獨力推進作戰到群策群力研發創新；從引導校內學生適性學習到資源分享社區國中小學，一路走來，體會到有機發展的教師專業學習社群，魅力無限。

　　面對12年國教即將啟動的教育變革，中正高中團隊分享本校環境科學班教師社群從無到有，從有到成果豐碩可期的故事，希望拋磚引玉，激發教學現場更多可能性。從現在把時間再往前推進一點點，先從環科班的第二年開始這個故事。

成果初現

當今年（100學年度）臺北市科展得獎名單揭曉，中正高中環科班同學分別獲高中物理組特優（暨鄉土教材獎）、化學組佳作兩個獎項，我知道我可以正式與所有人分享以下的故事——「小船變戰艦」。這個尚在發展中的故事充滿未來性，還有無限的可能與感動。急於此時分享的最重要因素是：面對12年國教挑戰的高中學校課程發展，這是一個值得理解的回應模式，他也是中正模式的一部分。

「小船變戰艦」的故事歷程，正好可以呼應近年來被熱烈討論的「Design Thinking」——設計思考解決問題。Tim Brown的書《Change by Design: How Design Thinking Transforms Organizations and Inspires Innovation》（中譯：《設計思考改造世界》）提到，設計思考者（design thinker）所應具備的基本特質包括：1. 具同理心（empathy）：懂得用使用者的角度來看事情；2. 懂得整合性思考（integrative thinking）：從多方面來看問題，以獲得全面性的解決方案；3. 樂觀（optimism）：相信一定有比現狀更好的解決方式，願意投入時間精力去把這更好的方案找出來；4. 具實驗精神（experimentalism）：願意一小步一小步往前進，追求突破；5. 具合作精神（collaboration）：懂得三個臭皮匠勝過一個諸葛亮的道理。簡言之，design thinking是透過靈感的啟發（inspiration）、點子發想（ideation）、實作（implementation）三階段有系統地將需求、資源、目標三者進行整合與創新，既能解決問題，也能回應挑戰。

「小船變戰艦」團隊起源於新任校長從校內學生科展素質發現問

題，進而希望能解決這個問題，經由會議中訊息傳遞、資訊蒐集，幸運的獲得一位老師的回應、接著兩位老師的籌鑄原型（prototype）、試運轉後修正原型，正式開課後擴展團隊為四人；第二年則繼續執行，也組成了現今近十二人的專業學習社群。這個社群從同理心出發——探索高中學生在科學研究面向的深層需求；接著我們定義需求——歸納這群中正學生的特質；於是老師們創新動腦——想像這群孩子們的學習需求及目標；透過實驗性質的社團運作模式進行原型製作——開設高中生的科學家先修班；而後滾動式的修正與原型測試——重新探索學生們對於科學研究的需求，終於讓中正高中的環境科學班就位了。

贏得關注

印象深刻的一段插曲：100年11月11日下午兩點，來自草山扶輪社的社長及社友幹部一行五位到本校討論提供獎助學金辦法修正事宜，因著對於弱勢學生的關懷及現今教育變革的關心，我們相談甚歡，臨離去前，邀請他們參觀本校甫完工半年的生態池。他們表現極大興趣，對公立高中教師主動致力環境生態教育的推動，感到敬佩及不可思議。

身為校長的我自然擔負起對來賓解說的任務。從校長室出發，經過美齡樓二樓的走廊，我指著貫穿各樓層女兒牆外的綠色水管，說明這是雨水回收管路，收集來的雨水儲存於原生生態池北區的八個三公噸的水撲滿，並做為生態池循環用水。接著走入生態池邊步道，這步道的每一個石階放置距離是「小船變戰艦」團隊的華傑老師來回實驗、踱步、計算而得的黃金距離，即使身高不同的人，也可以自在行走。這樣吹毛求疵、要求完美的監工機制，讓當時施工的廠商吃足了苦頭，但是現在走

進這個園子裡的人都感到自在滿意。

接著走進園區內，我開始介紹人工溪流兩旁近兩百多種的臺灣原生種植物，讓教科書裡的植物就在潺潺流水間活生生出現於學生眼前；原來的蓄洪水泥池變身為活絡校園的生態池，有緩坡、棲息島及循環人工假山瀑布；園區西南角種植蘆葦叢，並由此接管校舍南側誠正樓的汙水管，調節控制汙水排入蘆葦叢根部的流量，以自然淨化汙水成排放水的方式，流放至礫石區過濾沉澱後再流入生態池中。

講到這裡，扶輪社的社長及社友們紛紛對這個生態池的教學功能及環境科學教育的意義表示推崇，而後很熱切地問校長：「還有沒有我們扶輪社可以協助的地方？我們草山扶輪社就是希望藉由社友累積的力量來支持環境教育啊！」

我滿懷感謝的回覆：「是的，若能有太陽能發電的裝置，讓兩座循環馬達的用電也是乾淨的能源，再加上一座教學用的小型風力發電機組，那麼這個生態池的教學設備建置就完成最後一塊拼圖了！」

就這樣，我們贏得關注，受贈一套價值三十萬元的太陽能發電與小型風力發電的設備，同時也讓生態池的教學與實驗裝置達成兩個期程規劃的進度。

故事源起

回到兩年半前，在98學年度第一學期，當時我剛到中正高中接任校長職務，尚在熟悉校園人事與文化的階段。10月初的一天，教務主任提醒我，今天是校內科展評分的日子，校長應該到評分的場地感謝自然科教師的辛勞，也鼓勵參展的學生。我到達會場後，首先發現參展作品數

量並非踴躍，其次觀察到學生作品品質似乎也有提升的空間，雖然還是有幾件高二的作品值得繼續發展，但高一部分竟還有研究目的與研究結果毫不相關的作品。

從這次的觀察，發現學校的科學教育還有一大塊處女地可以開發！於是在11月底的自然科教學研究會上，校長直接提出在中正高中深耕科學教育的想法：高一近900位學生之中，一定有些同學非常喜愛自然科學，熱愛動手操作，習慣於在實驗室中求解，將來也以進入相關大學校系為目標，這些孩子如果能透過高一階段探索基礎的自然科學研究，累積一段時日後，確認自己興趣與優勢之所在，進入高二繼續以科學專題製作課程豐富自己的研究實力，未來一定是大學相關科系真正想網羅培育的人才。

自然科老師的反應出奇的冷淡，雖然也有個別的老師提出一些困難，但校長建議可能可行的實驗課程計畫及相關配套措施等，卻得不到任何支持與回應。校長雖然可以預期推動創新不可能一步到位，但仍然建設自己要耐心等待，不要放棄，畢竟才剛到這個環境接棒領導，一定還有機會。果然，第二天下午機會就出現了！

生物科舒瑩老師到校長室：「校長，有空嗎？」這是我求之不得的對話機會，馬上邀請：「當然有，請坐！」舒瑩老師坐定後說：「我想談一下昨天在教學研究會上，校長的看法與建議，我覺得有些想法，確實是我們目前可以思考與嘗試的作法……」

我非常感恩有這次的談話，透過更深的理解，我終於明白昨天自然科老師們冷漠以對的原因：並非老師缺少教學創新的理想與熱忱，而是因為在三年前本校停止了數理實驗班近十年的經營，主要的問題是，一

直以來，自然科與其他學科在這個實驗班的目標與執行過程缺乏共識。所以，現階段再來談重組實驗班或推動科學教育創新課程時，自然科教師們對領導者信任的危機就會隱隱出現。

也透過這次談話，開啟了校長與自然科教師們繼續對話的機會。顯然校長理念中對自然學科如何教與如何學的期待，與舒瑩老師的教學理念產生共鳴，這個頻率的能量必須夠強，才能讓一個有疑慮而且欠缺信任感的團體產生另外一個微弱的聲音，告訴自然科老師說：「也許我們應該再相信一次！」

這一次的對話非常愉快，因為我們的目標、想法、願景都是一致的，但談到實際付諸行動時，舒瑩老師希望校長可以給他一些時間考慮。兩週後的某一個下午，舒瑩老師與物理科華傑老師一起來談，華傑老師曾在兩年前擔任學校教師會理事長，是資深且樂於承擔學校公共事務的成員。這次又是一次愉快的對話，讓校長瞭解更多學校的歷史，也溝通更多對於自然學科課程與教學實務的理念與目標。在結束對話前，我們釐清了彼此對於科學教育的定位與理念，很重要的共識是以學生學習為核心的推動目標。結論則是約定「若校長能找到有高一的學生主動願意學習探究科學研究的方法，那麼這兩位老師就願意為這些孩子設計課程、進行教學，時間就用周三下午放學後的四點到七點。至於鐘點費，校長承諾由行政來負責，孩子不需繳交任何費用。」

在約定後的第一個週二早晨，校長興奮的在高一升旗的集會上問：「將來想當科學家的同學請舉手！」頓時鴉雀無聲，校長很快的為自己解圍：「我知道大家都不好意思舉手，沒關係，機會是留給能及時把握的人，請未來的科學家們在○月○日前到自然科辦公室找舒瑩老師報

名，名額有限，……」

當這個「科學家先修班」的消息一釋放出來，全校760位高一同學中，真的有24位同學主動報名。經過面談，兩位老師決定依學生興趣分兩組，每位老師各收12位同學，就如期從下學期開學後開始上課。每週三節的科學方法探究課程，強調引起動機，也重視動手操作，更重要的科學研究的方法入門。整個課程計畫預定進行14週，校長聽說上課過程很有趣，也核章同意這項課程所需要增購的部分實驗設備，其中也曾試探性的表達可否讓校長去觀課，但兩位老師很客氣的婉拒，表示希望等課程更穩定熟練後再說。

時間飛逝，很快地十週的課程過去了。有一天，這兩位老師又一起進了校長室，這次的表情看起來很沉重，一開口就是：「校長，事情大條了！」

「怎麼了？」我問。

華傑老師先開口：「科學家先修班的同學開始問：『老師，升上高二之後還可以繼續上這門課嗎？我們真的很想繼續，可以嗎？』」

我聽得開心的笑出來：「哇！你們把學生作科學研究的興趣都引出來了，這不是很好嗎？當然可以繼續啊！」

華傑老師用正經嚴肅的表情：「校長！要發展科學教育，不是這樣的做法，我們用下課後小型社團式的課程不是長久之計。」

「那應該怎麼做，才能在課程與教學上真正的培養學生科學探索的能力呢？」校長裝蒜的虛心請教。

「至少也要成立專班！」兩位老師異口同聲這麼說。

「那就成立專班啊！」當校長說完後，兩位老師相視一眼，臉上的

表情可以讀出的是：我們上當了！成立專班是從兩位老師口中說出的，校長如獲至寶！接著我們真的從成立什麼樣的科學研究專班、如何招生、如何設計課程、如何找到更多自然科教師一起進來合作……，進行了更熱烈的討論。

以上就是中正高中環境科學班的由來，現在我們都稱這個社群的老師為「環科班團隊」。

慢水樂活

這是環科班團隊交出的第一個計畫，也是中正高中申辦教育部高中優質化計畫第一期程第一年18個子計畫之一。

在環科班的招生新聞稿中，我們是這樣寫的：

臺北市立中正高中自然科教學團隊結合高中優質化永續校園發展計畫，於99學年度籌辦成立「環境科學研究班」，期望利用生活議題引導學生關懷環境科學，藉著做中學的教學方式，發掘學生對科學研究的興趣，培養學生從事實驗設計的能力，以紮根自然科學研究基礎人才的培育。
本研究班即日起接受報名至99年8月13日截止，8月18日為資料審查收件截止日，8月20日舉行口試。招生對象為對科學實驗有濃厚學習興趣的本校高一普通班新生。
「環境科學研究班」的課程規劃為：高一開設3節專題課程，分別利用選修課1節、社團課1節、第八節輔導課1節的時間，開設物理、化學、生物、地科等專題課程（本班不開設第二外語、

資訊選修及自選社團等課程）。上課方式採用：高一上學期分組輪流授課，高一下學期選組上課，進行單科研究方法及能力訓練；高二上學期進行專題探討及成果發表，高二下學期進行大學基礎科學能力的培養。

竭誠歡迎有濃厚科學興趣的中正新鮮人，熱情加入「環境科學研究班」的行列，一起探索自然環境奧秘，奠定科學實驗能力，打造未來競爭力！

我們第一年的招生方式，是以進入中正高中普通班就讀的全體高一學生為對象，在不採計基測成績，也不另訂筆試測驗的情況下，老師們是以報名學生的研究計畫進行書面審查，通過後再進行面試，耗費這麼多力氣的原因是：一、我們堅持的主張是要讓家長與孩子們瞭解，環境科學班不是升國立大學保證班，他將提供一個真正讓孩子樂於學習探究的科學實作教育環境；二、我們希望真正找到適性適才適所的對象，因為熱愛科學、甘於研究，才進來這個班。

接下來是教學資源與環境建置，環科班團隊需要一個形同都市荒野的原生生態池，而暱稱「中正烏龜池」的八德園就是最好的場地。

透過高中優質化計畫的申辦與執行，環科班團隊的校園環境大改造，結合課程設計與師生任務分組，用系統思考把需求、資源、目標三者融合經驗與創新的重組與改造，由下而上與由上而下的交相支援，再透過例如專業校友、上級單位相關計畫等外部組織的關鍵資源挹注，中正原生生態池如今蔥蔥鬱鬱，生態有機盎然。每週三下午經過生態池，最熟悉的影像就是三、五個孩子著青蛙裝，正在池裡採集或整理；也有

一小組學生正專注聆聽或分享；還有一些實驗樣本可能正在園中被觀察與記錄。

「慢水樂活計畫」是讓環科班小船變戰艦的關鍵助力，環科班團隊因為有生態池的環境，讓課程與教學可以在地逐步實現，雖然計畫取名慢水樂活，但我相信我們正逐漸感受的是教與學的活水源頭正開啟，很累，但是樂在其中。

水方舟計畫

這是環科班團隊交出的第二個計畫，也是教育部顧問室主辦徵求的計畫，全稱為「教育部補助高級中等學校未來想像與創意人才培育計畫」。

因為在課程發展與教學設計的過程中感受到資源的需要，所以只要有相關的競爭型計畫，我們總是懷抱樂觀希望去爭取，這個水方舟計畫的目的是希望爭取更多研究設備，以及為學生規劃延伸性的校外教學經費，所以我們常常在社群對話中彼此笑稱：「看到徵求計畫的公文，就如同看到經費就在眼前飄過，可見我們有多麼需要資源啊！」

水方舟創意校園計畫的摘要，我們是這麼寫的：

現在的人類一定要瞭解、想像並學習如何與未來的環境共處。
本計畫係以環境科學為主軸，以水的多元面向為主題，希冀藉由自然科學教師專業社群的合作與試探，開發一個實作式、探究式、向未來找答案式的課程發展方案。
民國103年士林北投科技園區陸續開發完工後，本校將是園區內

地勢最低窪之處，儘管正逢全球暖化水患頻傳，與其防洪治水不如與水共容，創造一個友善對待水的校園思維，故本校自然科教師團隊發展以「水」為中心的教學創新思維，利用生態環境與水的關聯建立一系列的教學活動，同時善用本校已建置的生態池為教學工具，以高中自然學科生物、化學、物理、地球科學為背景知識，透過自然科教師與行政同仁的合作辦理一系列的活動及教學課程，我們期望孩子們可以透過操作、嘗試及創意將整個校園變成一個活水，讓中正高中的校園不是積水的池子，而是善水交會之處，也可以豎立士林北投區在水資源教學的典範，讓孩子知水用水而愛水！讓校園成為充滿水的一艘生態方舟！

這個計畫主要著眼於學校所在地的發展現況與本校環科班課程發展之間的關聯性與未來性，所以計畫的主軸環繞著未來校園與未來環境課程：

臺北市立中正高中位處本市北投士林科技園區都市更新的範圍內，因士林科園園區建置四周填土開發，本校占地將近八公頃的校地，於民國103年後成為園區內地勢最低窪之處，全校師生皆憂慮往後一旦豪雨，本校是否會成為臺北市最大的集水區。基於這個思維，我們不打算拒水於門外，希望透過環校溝渠與本校生態池共同建置成一個「水方舟」的新思維，讓全校師生一同構思這個概念，同時將環境教育概念適當的切入自然學科的教學中。

於99學年增設以環境教育及專題製作實驗性課程為主軸的環境科學

班及環境科學社團，目前正處於起步階段。本團隊結合行政團隊（校長及教務處）與自然科（物理、化學、生物、地球科學）八位教師，開發本校校本位課程。本團隊在學校全力支持下，利用有限的經費與人力組織，合力於今年3月中已將校園內原有的「防洪蓄水池」設計改建完成「臺灣原生種水生植物生態池」第一期工程，同時建置「化糞池水回收系統」及「雨水回收系統」，這些系統的運轉將交由受過課程的環境科學社團之學生維護操作，而此生態池也成為環境科學班學生專題製作課程中觀察、記錄與研究的場域。

2011年3月11日發生在日本的大地震，讓全世界警覺大自然的力量超乎人類極限所能，尤其因為此地震所引發的海嘯及核災，吞噬了無數的生命，也摧毀了人類自我保護機制的安全警戒線。身為學校教育人員的我們思考的是教育的力量及教育的可能，面對未來，我們可以提供什麼課程、教學、活動、核心價值、環境素養等，引導我們的學生與未來的大自然和平共處。

請大家試著想像2025年的生活模式：低碳經濟；沒有貼上「碳足跡」商品認證貼紙的產品沒有通路；電動車占美國與中國四分之一的市場；「綠色技能」會是繼「資訊技能」之後下一個現代工作者必備的基本能力；地球環境巨大變遷成為人類最關注的議題。

談未來想像與創意人才培育，必須回到實際生活環境與真正教學現場，聚焦於具體可行的行動方案，而出發點則是對話於：我們要培養出具備哪些能力的學生。

水方舟計畫的核心教育議題主要有四部分：水資源運用之思維開發、水生動植物與環境之重要性探討、汙水處理相關性問題、人與自然

環境相處的未來圖象與願景。團隊老師們規劃出來的重點任務如下：建置以水為中心的環境教育創新教學平臺、建構校園生態系、發展環境教育課程與教學新思維、培養學生獨立思考及解決問題的能力、開發學生未來想像的能力與創新創意之熱情。

　　這個計畫讓環科班團隊增能也增社會責任，下一步我們的思考是：如何把建構的資源與課程分享給社區的國中與國小學生，讓環境科學教育的可能性向下延伸。

社群紀事

　　從99學年度開始成立「環境科學」專班，由四位原始創班教師團隊，自行開發給高中學生的科學探索與研究方法之專題課程，並在100學年度第二學期末，帶領孩子們，繳出第一屆環科班學生的專題研究成果發表，當天環科班全班家長出席這一場發表會，看著台上每一組同學侃侃而談的研究成果，家長與師長同感欣慰。以下簡介環科班教師團隊兩年來攜手建立的社群紀事：

(1)成立環境科學班，並提供環境科學研究焦點之人才培育課程。

(2)建構校園生態系、打造綠能環保的生態池，成為生態相關教學與研究場域。

(3)辦理太魯閣國家公園蓮花池中海拔生態研習營及新店華林生態營。

(4)辦理6次環境科學班校外參訪活動。

(5)專題研究教學及學生研究成果發表。

(6)獲得臺北市100學年度科學展覽高中物理組特優，化學組佳作。

(7)全校生態相關競賽：水照片甄選活動、植物辨識大賽。

未完待續

　　環科班教師團隊的行腳，從中正到大漢溪濕地，從生態池到臺大生工系、淡江理學院，也從臺北遠跋至花蓮太魯閣國家公園的蓮花池作生態營學習。第一次的環科班生態營，我們大動作的讓師生團隊置身於中海拔的原始生態林地，並邀請具有相當經驗之生態研究人員或老師擔任指導講師，並各自帶領四、五名學生現地分組操作，學生在壯麗的太魯閣國家公園認識豐富的生態資源，也實地觀察體驗國家公園的保育成效，激發了高中學生的生態美學經驗，並培具生態觀察與發問，進而學習和發展生態研究的基礎能力；更促進本校教師發展生物和生態教育的教材與教學方法，深化觀察學生從事生態研究的能力。蓮花池生態營的成功經驗，讓我們對於環境科學教育領域的經營與開發充滿信心。

　　未來，這條走向未來科學教育與環境教育的路，環科班團隊正互相扶持，相濡以沫，堅定而充滿創意的往前行。小船變戰艦的故事，未完，待續。

從一隻蝴蝶拍翅開始

——臺北市立中山女高國文科團隊的創意與革新

　　教育政策革新中，課程教材、教法上的變動，對於學校老師來說不啻是一大挑戰。在中山女中此一歷史悠久之學校中，國文科教師如何以團隊方式創新課程與教材？拓廣教師經驗以利學生學習？甚至深化學校文學風氣？這些課程與教學創新，對教師和學生學習的意義何在？以上均是教師專業學習社群中所關注的重大議題，而中山女中也在教師專業學習社群的組織下，使得國文科工作團隊歷久彌新，寫下了中山的山中傳奇。

※作者群
陳智弘　老師
黃　琪　老師

閱・讀・樂

SHL 快樂學習社群　　　　　　101 文學季

國文科團隊　社群成員

廖翠華老師　　　　徐燮蓮老師
陳智弘老師　　　　黃月銀老師
莊湘芬老師　　　　張嘉惠老師
黃　琪老師

（此家譜以99學年度SHL專業社群為例）

依據「混沌理論」，今晨巴西一隻蝴蝶翩躚撲翅，可能引發下週美國德州的龍捲風。的確，任何一個小因素，都可能引發連鎖反應，中山女高國文科團隊的茁壯也是始於一些本來看似微不足道的點子，而後激盪出一連串創意與革新，並且仍在持續中……

為不同目的而形成的組合

當環境日新月異，老師個人教學百寶袋中的妙方便漸漸顯得左支右絀，有的早已過期、有的不合用、有的不想用……，如果教學模式不能一成不變，如何維持精進的動力？團隊，是個有力的支持與後盾。

在教改列車啟動之際，中山女高國文科同仁基於共同信念與願景，已然漸次透過協同探究方式而形成不同組合，那時候，尚不知PLC是什麼專有名詞的簡稱，國文科同仁就在不同的時間點，為了不同目的，而形成了一群一群的組合，或是討論編定教材──至今已達七冊、或是商議參賽──如參加92年的教學卓越獎、或是辦理活動──如文學月或文藝季等、或是研發課程內容──如藝術生活、或是跨科組成教學團隊──參與高瞻計畫創新課程、或者為相偕參與教師專業發展評鑑進階認證──如申請了「立案」的教師專業學習社群……。

團隊的力量與成果解決了個體戶單打獨鬥的窘境，漸漸地，同仁便習慣以國文科社群運作的模式面對各種新的變局。

轉變的端倪始於自編教材

88學年度開始，高中教學現場面臨巨大變革：一綱多本，教材開放；必修時數減少，選修課程增加。

　　本校國文科同仁發現各家出版社版本所編選的篇目差異甚大，人人懷著「萬一沒教這課卻考出來」的擔憂，但若兼採各家選材施教，又猶如亂槍打鳥，師生皆累，時間心力都不允許。90年暑期，高一召集人段心儀老師（已於94年8月退休）與同年級教師會商，決定自行研發該年級用選修教材，彼此分享教學用的講義與學習單；有了這個基礎，91學年度，她擔任國文科主席，便號召更多同仁分工合作，以「系列式概念」、「主題式學習」為原則，為本校學生量身打造選修教材，完成了《小說選讀》、《散文選讀》、《韻文選讀》三冊。這些補充教材不但可補坊間教本之不足，能適切本校學生的特質，又進一步彌補制式教育的闕漏。之後，在其他主席主事下，又續編了《新詩選讀》、《國學常識彙編》等，每一本教材並各有專人負責，定期勘誤修訂增補，以使內容更臻完善。

　　教學現場由標準本而一綱多本，升學管道由聯考而多元入學，變革何其大，本校國文科教師就在外部環境劇烈變動的氛圍群思共議，從自編教材開始，漸漸形塑團隊的功能。

中山女高國文科團隊形成背景因素：

❖時代變異：大環境改變，啟發語文教學新視野

❖課綱改革：新課綱實施，國文教學時數銳減

❖教學內容：實施一綱多本，打破傳統國文標準本教材教學範疇

❖教學工具：科技日新月異，教學工具多元化

❖教學對象：學生語文基礎受以上因素影響，傳統教學法難以引起
　　　　　　興趣、收到成效

跟著好樣的領頭羊走出去

繼自編教材之後，教師北京參訪是另一個強化國文科團隊力量的契機。當時的校長丁亞雯校長（88年8月——95年8月任職本校第十任校長，現為臺北市政府教育局局長）愛智熱情，是一位充滿遠見與企圖心的創造者與播種者，素有「走出去，讓世界走進來」的理念，恰好段老師也在「要給學生一杯水，老師得有一桶水」的意念下萌生看看其他國家地區學校的想法。為免寒暑假看到的學校只是一座空城，參訪必須規劃在學期之中，於是，91年11月，中山女高教師走出臺北市長安東路，啟程到了北京。

「取相容並包主義」是蔡元培先生闡述的北大精神，今日北京的城市風華亦體現了這一點，於是這一趟參訪，便在走出去的軌跡中鍛鑄了一個又一個印證與想像、震撼與驚嘆的圖騰。

教師在學期當中出國參訪，現在看來不算特別，但在十年前，本校算是腳步跨得很早。走出去，通過團體實地參訪學習活動，不僅能擴大個人視野，知己亦知彼，獲得難得的實地感動經驗；行程中的所見所聞，在團員不斷的討論分享之後漸漸內化深化，也可普及其他同仁。影響所及，國文科團隊對於教學模式、教學方法，甚至教師本身的口語表達等都有了一些嶄新的想法。

能將想法付諸實現，真的有賴「好樣的領頭羊」帶動，沒有段心儀老師的起心動念與辛苦籌畫，便沒有這一次的破天荒的教育參訪活動。她的付出，為本校教師參訪學習與國際交流開創了有實效的、可跟隨的模式；更重要的是，走出去之後的見聞感思，經過團員互相激盪，精益求精，便萃化成為國文科團隊的智慧與動力。

對的事，一定有機會完成

「無用之為大用，我真的深有所感。」

已退休的段心儀老師如此引用老子的概念，來解釋自己何以扮演本校國文科團隊「領頭羊」的角色：「因為想做的事，自己不會做，於是便邀請同事一起來做，結果反倒真的做成了一些大事。」

真是客氣，其實她做了很多別人做不來的事。

舉實例說明，如果自編教材是國文科團隊形成的契機，也是國文科團隊的第一個業績，成功的關鍵是「共識」。共識如何達成？端賴不斷的溝通，段老師真是不厭其煩與同仁一再交換意見。

溝通，說來簡單，其實並不容易，要任勞任怨。而光是任勞任怨也不見得就能組得成團隊，重要的是必須那恰好是一件大家想做的事，才容易形成共識。如果同事並不想做呢？段老師笑說：「如果只有自己想做，可能是想錯了、沒必要做；如果大家一起做而做不成，可能時機未到；我相信只要那是一件該做的事，機會一定會降臨，讓大家一起把事情完成。」

作為團隊的領導者，段老師分享她的心得：「不必急，也不必勉強。想做的若是一件對的事，等一等，機會來了，諸如新的政策、大環境的改變，於是大家就會覺得該去做，自然就會做得好。如果等不到機會，恐怕那就是一件目前不需要做的事。」

形成工作圈推動教學活動

92年，本校國文科團隊榮獲第一屆教育部頒發教學卓越金質獎，見證了同仁創新與改革的成效。

當初，團隊是以「工作圈」的概念規劃工作內容，並推動教學活動，期使各項工作藉團隊力量，以更深化、更廣化的面貌呈現。

何以會形成工作圈？其實如前文所言，是基於改變的需要。外部環境的改變除了實施高中新課程大綱，教學現場面對一綱多本的全新環境之外，還有大考中心推出指定科目考試，命題方式引導高中教學從知識傳授轉向能力培養。於是國文科團隊開始思考因應之道，由個別思考到部分同儕對話，擴及多數人的討論，再經由全體參與的學科研究會凝聚共識。

工作圈的主要工作內容鎖定教材、教法、閱讀、寫作等方面，每項工作由一、二位教師主持，負責聯繫協調、訂立進程、完成目標，其餘教師則各自加入所擅長領域，提供實質力量。每學期兩次教學研究會決定工作重點或檢視工作成果，平時則各小組不定期聚會研討，期以團隊合作的方式面對挑戰。工作圈的目標則是打造優質的國語文學習環境，超越傳統以知識記憶為主的教學侷限，幫助學生累積更深、更廣、更多元的語文表達能力及閱讀理解能力，以培養文化質感，提高競爭力。

一個工作圈，其實就是一個社群。從這裡開始，回首細數，國文科團隊曾經組成以及目前仍持續運作的有「選修教材編撰小組」、「主題文學季規劃小組」、「110校慶特刊編撰小組」、「語文資優營設計小組」、「藝術領域課程研發小組」、「研習活動策劃小組」、「文學風

景徵文評閱小組」、「各項語文競賽培訓小組」……等,這些成員重疊的不同社群一年又一年分別推動著各項教學相關活動。

工作的推行一方面提升教師的教學能力,一方面厚植學生的語文能力,期使國文教學不再侷限於課堂講授,而以多元、活潑、開闊的方式呈現,讓文學之美與哲學之思鐫刻在學生的腦中,進而影響他們的生活言行。

第一次登場的文學月活動

88課綱實施之初,國文老師面臨該何去何從的思考。中山國文科長年以來雖不乏資深老師不吝分享教材講義、剪報與作文資料,但面對新課綱、新教材及縮減時數的困境,這麼豐富的教學內容該如何在有限的時數中妥善運用?且在時代的變革下,還需要影印這麼多講義和補充資料嗎?

一位資深老師在教學研究會中提議,在一綱多本的新課綱理念下,中山的國文教育應該以新思維引導學生,捨棄大量的資料補充,讓學生在課本教材的基礎之上結合知識與生活,拓展視野與領域。這個理念大家都認同,但是該怎麼做呢?有人提出一個簡單又具體的方法,辦理「文學月活動」——設定主題,以多元活動引導同學主動學習。想法一提出,聽見一片反對聲浪:88課綱已讓老師為備課昏頭轉向、要和其他科別爭搶選修時數、大考方向不定……,諸多因素讓此提議胎死腹中,但該如何活化教學與課程設計,卻已漸漸在老師心中成形。

94學年度,科主席李明慈老師邀請陳智弘老師、吳明津老師擔任學術活動組,負責規劃該年度的學術活動。以往學術組活動不外邀請講

座、辦理教師研習,但兩位老師都有「創新」的能量與遠見,除了每年必辦的演講、研習之外,更提出「活動學習」的想法。以推廣閱讀為目標,要推廣閱讀,首先就要讓閱讀這件事變得有趣;要有趣,就要有活動。於是以兩位老師為中心,又邀請幾位老師共同討論,在一次聚餐後的下午,「黃春明文學月」的構想於焉產生,多年前教學研究會埋下的種子終於有了開花的機會。

第一次文學月活動主題訂為「等待一朵花的名字——悅讀黃春明」,既以黃春明的散文集為名,又暗合中山國文科多年來的醞釀,真是美麗的巧合。

開會的場合太嚴肅,對中山國文科來說,教學研究會是取得共識、分配工作的場合。創意與發想,則往往來自於平日的閒聊、分享或彼此吐苦水以及最重要的聚餐時間。

記得是94年7月初的下午茶時間,吳明津、陳智弘、廖翠華、黃琪四位老師在晶華酒店大廳等候入座,閒聊談起黃春明創辦的雜誌、兒童劇團,感佩他對於文學推廣與傳承的用心。正巧課本中選錄了黃春明的作品,四位老師心想:老師上課口沫橫飛地介紹,學生往往只當他是位偉大的「古人」,無法領略其寫實精神與悲憫人格。一時興起,說道:「我們何不辦一個『黃春明文學月』,邀請這位說故事高手與學生面對面,親自講述他自己小說中的故事?」「演講後還可以辦理簽書會。」「要不要有獎徵答?」「獎品就送黃春明的作品,鼓勵她們閱讀。」「應該要先選幾篇黃氏經典作品,讓學生瞭解他的創作風格。」「課程時間有限,沒辦法在課堂中一一介紹吧?」「剛剛不是提到有獎徵答?文章讓學生自己讀,有獎徵答題目就從那些作品中出吧!」「還可以看

電影,他的小說好多篇都改編成電影。」……

就這樣,下午茶前的七嘴八舌意外成就中山第一次的文學月活動。

在科主席李明慈老師的支持下,大夥認真規劃相關細節:首先是專題演講,邀請政大陳芳明教授以「寬容比愛強悍——黃春明文學」為題,向全校師生介紹黃春明的文學路、黃春明其人及其文學精神。

有一組老師挑選黃春明各階段代表作品六篇,印製成冊,名為「文學月隨手讀」,每班一本傳閱,並從中出題,分三週進行有獎徵答。每週徵答日期截止後,在週三共同朝會時間,由校長公開抽出答對同學,進行頒獎。

活動期間,連續三週播放《兒子的大玩偶》、《蘋果的滋味》及《小琪的那頂帽子》三部由黃春明作品改編的電影,讓同學比較影像與文字的異同,體會黃春明說故事的魅力。每部片各利用中午用餐時間放映兩場,提供同學配合自己的時間選擇欣賞的場次。

徵文活動設計三種不同主題,分別為心得(包含閱讀心得、觀影心得)、評論(可針對作者風格、作品或單一作品人物進行評論)及創作(試以生活中的小人物為主角,創作一篇關懷本土的小故事),亦動員國文科九位老師共同評審。另外,請圖書館主任與書商接洽,舉辦全校書展,收集黃春明所有作品,供同學閱讀選購。

一連串活動下來,國文科老師及相關處室幾乎全體動員,辦得辛苦,但也獲得同學們極大迴響,那一段期間,同學的週記內容往往是參與活動的心得與回饋。

為了等待一朵花的名字,老師先播下一顆希望的文學種子,期盼學生的心靈沃土能綻放出美麗的花朵。

「文學月」擴大變身為「文學季」

第一次的文學月活動可以說是在「且戰且走」情況下辦理，起因於一次小聚會的構想，卻讓團隊有了新的挑戰和動力。不單是科內老師的合作，還有教務處的課務協調、學務處的活動配合、圖書館的書展規劃，算得上是全校性活動了。

但這次活動倉促成事，仍有許多缺點，若不是各處室襄助，第一次文學月當真會胎死腹中。有鑑於此，結束檢討會中，大家一致認為這樣的活動值得辦理，並提出各種改善辦法。其中因活動相當多元，辦理時間幾乎從學期初到十二月校慶前，故「文學月」最後變身為「文學季」，活動成果正好可配合校慶展出。

經過多方討論研議，從96年度起，文學季便納入國文科年度重要活動，於每學年期初教學研究會中研討舉辦的可行性，由科主席邀請有意願的老師組成社群，設計規劃系列活動，並於活動結束後集結學生成果。而主辦老師亦針對活動實施與成果省思，參與臺北市行動研究，做為教師專業發展與教學設計的研究成果。

以下表列中山國文科歷年辦理的文學季主題與負責人：

年度	主　　題	主辦教師
94	黃春明文學月（季）	陳智弘、吳明津、廖翠華、黃琪、莊玫欣
95	檢討、研議文學季的可行性，與各處室合作模式	
96	林文月文學季	莊湘芬、黃月銀、易怡玲、莊玫欣
97	最繽紛的季節 ——中山文藝季	黃琪、徐倩如、蔡瑋玲、陳智弘、莊玫欣
98	余光中文學季	徐熒蓮、廖翠華、莊玫欣
99	我讀故我在	蔡瑋玲、游千慧、江昭彥、劉康仁
100	臺北我的家	徐倩如、施小琴、林嘉琪、莊湘芬、莊玫欣

辦理時程如下：

內容 ＼ 月份	7	8	9	10	11	12
成立籌備小組	■					
召開籌備會議	■					
印製文學隨身讀		■				
教學研究會定案			■			
主題書展				■		
有獎徵答				■		
徵圖徵文					■	
影展導讀					■	
專題演講					■	
發佈新聞稿					■	
校慶成果展示						■
成果彙編						■
檢討會議						■

跨領域活動的運作和發展

　　第一次文學月得到學生熱烈的回響，讓老師們進一步思考：國語文教學的方向與目標為何？在課綱之外，是否還有我們可以努力的地方？是否可以藉由更有趣味、更多元的教學活動，真正增進學生的語文能力、提升其文化涵養？走出教室，眼光暫離課本，在校園中或是我們所居住的臺北城，可以帶領學生欣賞怎樣的美？又該如何引導她們描繪出心中眼中的世界？

　　有鑑於此，每一年的文學季，國文科老師便會組織「文學季規劃小組」，試圖在多元的可能性中開發教學活動，甚至與英文科、美術科、生活科技等科別的老師合作，拓廣學生學習的範圍與能力。每一次的文學季幾乎都動員了所有的國文老師，但為了減輕負擔，在活動設計上盡量與教學相關內容結合，最辛苦的主辦老師則每年皆有輪替，一方面減輕壓力，再者也可使思緒活絡，激發不同的創意。從94年的黃春明文學季至今，中山國文科已然發展出一套舉辦文學季的模式，只要新年度的科主席邀請到主辦老師，文學季社群便開始密集討論運作，從確立主題、設計相關活動開始，到選擇閱讀文本、編印資料等，都會在開學前大致定案，並在期初教學研究會中提出具體方案，讓所有老師知悉，並確認各自的任務（如：徵文評選、各班宣導、活動推廣等）。

　　本來這只是國文科教學的設計與構想，但這幾年和其他科別老師合作經驗愉快，學生成果令人驚豔，於是「文學季」好像成為「例行公事」，一到期末，學務處活動組便會詢問國文科：「下年度文學季的講座要邀請哪位專家學者？要排在哪個月份的週會時間？」美術或生活科

技老師也問：「你們今年要辦什麼主題？需不需要我們配合海報設計或影片比賽？」家長會總務則是問：「今年預算要多少？趕快提計畫，我們會盡量支援。」在這樣「友善的壓力」下，雖然嘴上叫苦，國文科老師怎敢喊停？只好絞盡腦汁，繼續發想更有趣的主題和活動了。

陷入參加或不參加的困境

因上述模式行之已久，歷任主席頗為習慣召集同仁共同完成年度活動，此外，因應外在環境需求而生成的嶄新業務也需要團隊協同合作，例如自編教材的編撰、特色課程的設計規劃。在需要大量人力投入的情況下，許多外校夥伴的疑惑是：這些人力如何產生？其實，主席往往不會（其實也無法）強制同仁參與，而是鼓勵同仁自行「認養」工作。

同仁自行認養工作？對於很多團隊來說，這一點近乎天方夜譚，不容諱言，這也是本校國文科團隊有時會遭遇的困境。做好自己的教學工作，每一位同仁會視為本分；但對於其他額外的工作，有人難免會抱持敬而遠之的態度，導致本科大大小小的事務，少數同仁幾乎「無役不與」。任務終究會完成，但何以有些老師在團隊活動過程中缺席呢？

一位年資較淺的老師表示：「在教學之外，跟著其他老師一起完成其他的文藝活動或編寫教材等，固然是從做中學的好機會，但有時候遇到自己也有其他規劃，或是對活動主題沒有興趣，就會想保留時間和空間給自己，而不想跟著大家參與這些活動。」

另一位初上杏壇的老師本身具有樂於參與的特質，她分享在中山國文科實習與代理共兩年的心聲：「一開始到學校報到，我看到黃琪老師正在指導學生演講，便要求在旁觀摩。老師大方答應，也願意讓我一起

討論，甚至鼓勵我報名參加比賽。初生之犢的我在老師建議下參加閩南語朗讀，竟然獲獎了，這真是我邁向教學之路的一大鼓勵。之後陸續參與詩歌朗誦指導、文學季活動，讓我深刻感受到『中山國文科團隊』的專業與教學動能。」

之後更幸運的考上中山的代理教師，在這一年中在資深兼優秀的智弘老師輔導下，更加精進教學的能力。而與郭碧雲老師合作開發特色課程「旅行文學」的過程中，更折服於老師的博學與專業。其他還有許多老師無法在此一一列舉，但我深深感覺到，中山每一位老師都不藏私，樂於分享，提攜後進，且謙遜精進。每當我向她們表達謝意的時候，她們往往也都說：「跟年輕人討論問題，也讓我們學到很多新的資訊和想法，我們也要謝謝妳啊！」

代理一年的時間裡，為了準備教甄考試，我還是常常利用時間請教多位老師問題，在繁重的教學工作中，老師們還是願意給我指導，我想這就是我能順利考上正式教職的關鍵原因吧！

雖然參加許多小組活動、社群研討，光是聚會討論就要花去不少時間，但準備過程中似乎也為自己增強了一甲子功力。瑋玲老師告訴我，她以前也很怕加入某工作團隊，擔心自己時間不夠、能力不足，後來試著參加之後，發現只要每一件工作有適當的主持人、密切合作的小組成員，做起來是忙碌而有成就感的。而且後來她還發現，不論是以前參與語文資優方案活動或是文學季，曾經嘗試過的教學活動是可以移植到自己的課堂上的，所以以前做過的事也不算浪費時間，反而是累積經驗的好方法。尤其可以和其他老師一起討論、分享，做起事來也更有效率。」

個人參加或不參加的抉擇，將會影響整個團隊的運作。如果團體中洋溢著相互分享、偕同努力的氛圍；如果主席一如充滿幹勁的領頭羊，能激發大家樂於參與的意願；如果團隊合作中也能促成自我成長；如果工作不會全然落到少數人肩上；如果主席能善加處理瑣細的事務，少數同仁能自動挺身而出……，想來，困境會逐漸消弭。

交換點子的專業學習社群

綜合上述，可知本校國文科有社群之實歷來已久，但始終未冠上社群之名，其中，最早「立案且正名」的社群是「SHL——七人歡樂學習團」（Seven Happy Learning），99學年度成立。

SHL的組成源於一份「臺北市100年度高級中學教師辦理專業學習社群計畫」的公文，成員心想：反正大家常在一起做些什麼，就去申請吧！細讀條文，發現申請計畫中規定「參與教師專業發展評鑑學校，每一社群需有兩位以上成員係參與教師專業發展評鑑」，正好夥伴中有五人在去年要參與教師專業發展評鑑的進階認證，於是這個學習社群的主軸便如此確定下來。

最初的申請計畫，年度目標羅列如下：

1.協請學者專家指導，瞭解PLC理念，並徹底實踐。

2.透過PLC模式，完成教學觀察與檔案製作。

3.實踐PLC的精神，學習創新教學方法。

4.運用PLC共同學習的理念，精進班級經營技巧。

這份計畫書被退件，因為「教學觀察與檔案製作」、「創新教學」與「班級經營」是截然不同的重點，目標分歧瑣碎，達成不易——這個

小麻煩帶給成員的助益是，活動之前，訂定的目標要明確可行。

經過討論修正，社群將上學期的目標聚焦於教師專業評鑑，下學期則鎖定在教材研發。再次送件，計畫通過，社群據此討論出每一次聚會內容，從100年二月至十一月，共計13次聚會，每次兩小時，並由組員輪流擔任主持人與記錄。聚會的實施內容如下：PLC學習進度規劃、100年學測試題分析VS教學因應、教學檔案製作與分享（兩次）、古文教材之蒐集與研發、古文教學之活動設計與評量、古文教學之成果省思與成長計畫、現代散文教材之蒐集與研發、現代散文教學之活動設計與評量、現代散文教學之成果省思與成長計畫以及年度總檢討。

幾次的聚會之後，社群累積了一些小小的成果，例如經由學測試題分析，歸結出的教學因應，把握課綱的40或30篇核心選文重點，利用考題內容檢核省思，以求學生能深入闡發；段考非選擇題取材自重點選文，仿擬大考題型命題；對國文科自編教材的講授進行三年的通盤考量，不只為考試，為了作文能力的提升，也為培養學生帶得走的能力；互相觀課、進行主題研討，以求對於提升教師專業發揮正面影響力等。

到了四月底，本社群五位參與教師專業發展評鑑進階認證的成員，都通過認證審查，並獲得表現優良的肯定。

社群成員之一表示：「參與專業學習社群有機會看到其他優秀老師的教學、有專業且聚焦的對話、有整理自己教學資料的動力，且有自我省思的需求，看看別人、想想自己，一定可以使自己更精進。大家花了時間心力，讓這個活動有意義、有價值，自然能為教學生涯注入養分與活水。」

國文科團隊與行政的連結

身為學校一環，國文科團隊常與行政單位連結，共同推動各項教學活動，在校長、主任眼中，國文科團隊的形象如何？這些諍言絕對是國文科團隊進步的催進劑。

楊世瑞校長

只要提到「中山國文科」，我腦中立刻浮現出的關鍵詞是「主動」與「專業」。記得我到任前，國文科幾位老師便主動邀約，希望讓新校長提早瞭解科內的組織與各項活動概況，尋求校長的支持。這些老師所言皆以科為主，整體性與主動性令人印象深刻。

我觀察到的國文科團隊及運作模式是這樣的：

❖中間幾位核心老師──常會主動發現問題、尋求創新發展、提出具體方案；

❖外圍多數老師──不會主動，但會視情況加入社群；

❖最外圍少數老師──彷如孤鳥，雖不加入社群，但隨時關注大家動向，具專業警覺性，也能配合共同政策或目標。

老師們都具有專業能力，但要求大家全體一致，其實難度相當高，但本校國文科永遠都有幾位核心老師帶頭創新發展，有些老師即使不願加入社群工作，但也會關注其他同事的活動，配合共同政策達成目標，這兩點是最值得珍惜的地方。

許多校務的推動常常是由行政端從上而下指導運作，這種模式會產生幾項缺失：(1)可能失準；(2)老師因任務取向會感到疲

勞。但中山國文科往往洞燭機先，許多教學活動的設計規劃是由下而上，由老師們自發性籌劃，再提出行政支援。這種模式下，行政要做的主要是：⑴協調；⑵配合（包含人力、資源支持等）。這種模式相信更能貼近師生需求。

教務處楊全琮主任

雖然我到中山才滿一年，但中山國文科團隊卻給我很深刻的印象，不論是教學研究會的討論與分享，或是老師們辦理文學季、文學風景與其他校外參訪的規劃，都讓我深深感受到國文科老師的主動與活力。

一年中我觀察到的是本校國文科老師活動有系統，有產出，有傳承，世代互動佳，令我聯想到《從Ａ到Ａ＋》這本書中所提到的概念：學習型態有組織、有活力。其實許多學校團隊也都有編輯講義、舉辦文學月、閱讀週等活動，但是辦活動不難，能持續才難。本校國文科各項活動都行之有年，不但年年持續，還不斷創新發展，這是令我很佩服的事。

再者，國文科老師的世代互動佳，資深老師勇於承擔、樂於分享，積極邀約新進老師加入社群，無形中便形塑了合作與精進的氛圍。大家認同制度，不因人的因素而有改變，使「中山國文科」儼然成為一個品牌。

教育制度不斷變革，國文科老師總能以學生的角度思考教學問題，積極參與教師專業發展、自組教師專業社群，站在教務主任的立場，當然是全力支持科內老師的各項活動囉！

從過去行進至目前與未來

從88年的自編教材開始，區域性資優方案的精進，一直到藝術生活課程的開發以及文學季的形成規模，老師的典範與累積的能量讓中山國文科團隊一直在新時代中繼續前進。

SHL的快樂學習社群雖因一紙教育局公文所催生，但也因計畫內各項目標的規範與設定，讓學科成員原本發散式、天馬行空的教學分享與交流朝向更有效能的專業對話，這是一次重大收穫。

因為有這樣的省思與成果，接下來又有一些老師加入或自組社群。此外，國語文競賽指導團隊的經驗分享與合作，各任教年級老師的教學研究討論與資料整合等常態性的合作形態，多年來依然持續著。

「下星期四成功高中有一場○○研習，誰要跟我一起去？」一位老師提供資訊，結果整個辦公室老師幾乎全員到齊。「臺北設計展好像不錯，我們要不要約個時間一起去參觀？」另一位老師吆喝，就在某週四（國文科研習時間）下午，全體高三老師共同享用一餐美食後，一起逛進了偌大的展館。

大家的專業對話與合作，雖不及「立案」之社群那麼正式，且會留下成果與記錄，但綜觀老師們平日的互動、融入於生活中的學習成長，以及中山孩子們的各項表現，可以知道中山國文團隊的努力。

記得蕭伯納說過：「和別人交換一個蘋果，你還是只擁有一個蘋果；但你如果和別人交換一個點子，你就有兩個點子。」我想，他說出了共組專業學習社群的核心意涵。

「在中山三年的國文課程不單是文學的訓練，也是情意、文化的陶冶，更是學習各種知識的語文及思想基礎。」這是中山畢業學生回憶

國文課的心得，中山國文科老師則樂於分享的氛圍中集思廣益、溝通支援，與敬業優秀的夥伴攜手前行，走向如此的團隊合作之共同理想。

附錄一：中山國文科100學年度社群簡介

實施時間	社群名稱	目標	說明	主持人	參與教師
100.5 ∼ 101.6	行動學習計畫	建置未來教室，資訊科技融入教學	參與電子白板、行動載具、互動評量等課程研習，開發相關教材與教案	莊玫欣	陳儀青、施小琴陳智弘、莊淇芬姚瓊儀、李明慈黃　琪、蔡瑋玲黃月銀
100.9 ∼ 100.12	100年度文學季「臺北我的家」	環境閱讀與書寫，瞭解我們的學校、我們的都市	閱讀書寫臺北的名家名篇，同學作品則FB上交流互動，並鼓勵同學走踏實察，寫下對臺北的觀察與感動	徐倩如	莊淇芬、施小琴林嘉琪、曾馨霈
101.2 ∼ 101.12	讀·閱·樂」——閱讀、教學策略與寫作設計	部訂三十篇古文之閱讀、教學與寫作設計研究	聚焦教育部明訂的三十篇必修古文，逐一討論教學策略、活動設計及寫作引導等問題	李明慈	郭碧雲、陳智弘徐倩如、游千慧莊玫欣
100.2 ∼ 持續進行	詩沙龍	現代詩的教學研究	以學生為主體的師生互動教學策略，訂定主題，邀集有志於詩歌研究的同學參與欣賞、創作等活動	張嘉惠江昭彥	黃　琪、吳明津
100.9 ∼ 持續進行	大手牽小手	幫助新任教師熟悉環境，提升教學效能	兩位資深老師定期與新任老師聚會，針對教學、學生輔導問題互相交流	李明慈黃　琪	林嘉琪

附錄二：中山國文科教學活動推展模式

教學而行政、由個人到團體，是國文科教學團隊推展創新課程或教學活動的特色。其構想發端雖可能來自行政單位的趨勢報告與政策分析，然而就細部規劃與執行過程而言，多半由同仁提出原始構想，激發教師內部討論，然後訂定策略並執行。至於推展模式，大抵有以下四種：

（一）

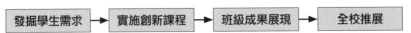

例如：由「班級讀書會」發展為「喜悅書坊」；由「個別班級藝術參訪」發展為「藝術生活課程規劃」。

（二）

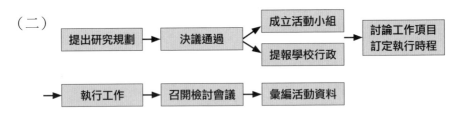

例如：文學風景寫作競賽、黃春明文學月、林文月文學季、名家演講……等。

（三）

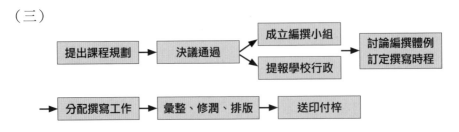

例如：《新詩選讀》、《散文選讀》、《小說選讀》等各冊補充教材之編撰。

（四）

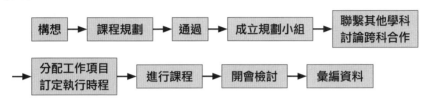

例如：語文資優營、人文及社會科學資優班的成立及課程規劃。

高瞻計畫社群篇

轉動專業學習社群、開啟教與學的對話

——新竹中學高瞻團隊的經驗分享

※作者群

吳思鋒老師	傅慧鳳老師
林健志老師	彭瑄第老師（竹中實習老師）
林清和老師	彭寬輝老師
張秀瑤老師（竹北高中）	彭瀧森老師
許慶文老師	馮蕙卿老師
陳慕璇老師	劉宜昀老師（新竹女中）

在專業學習社群的發展中，若先形成規範則較不利於成員凝聚力的產生，同時也容易造成成員壓力，然而事情的發展通常因為背景不同難以盡如人意，在規範與時間的壓力中如何順利推動社群運作？社群如何引入有效的外部力量建立協作的夥伴關係？這些問題均在新竹高中高瞻社群的發展中一一浮現，教師也在問題反思與解決中獲得新的經驗，最終在教學方法、專業知能等方面有了令人滿意的跳躍。

新竹高瞻尋疑團隊　社群成員

許慶文老師	彭瑄第老師	楊璧如老師
傅慧鳳老師	張秀瑤老師	蘇佳文老師
彭寬輝老師	江淳卉老師	饒世君老師
馮蕙卿老師	劉月梅老師	郭智琳老師
陳慕璇老師	張淳琤老師	胡智棚老師
林健志老師	許庭嘉老師	趙秀嫻老師
彭瀧森老師	劉宜昀老師	楊惠雯老師
林清和老師	羅婉珉老師	
廖美齡老師	韓中梅老師	

一、新竹高中高瞻社群的形成

（一）一切都是從接了高瞻計畫開始

面對新興科技的快速發展以及世界「知識經濟」的浪潮，國科會於2006年推出「高瞻計畫」，首度改變傳統以「由上而下」的模式，嘗試以「由下而上」發展高中職新興科技融入課程的創新模式。當年由眾多申請的學校中遴選了28所高中職，本校以「建構高中與尖端生物科技之銜接課程與推廣」為題成為獲選學校之一，學校自此（95～98學年度）展開了別開生面的創新課程研發、跨科際整合的探索和實驗研究。

　　本校高瞻計畫在總計畫負責規劃、協調、推廣、評鑑之下，分為子計畫一：教材之開發及試教之進行；子計畫二：教學輔具之開發。由清華大學生科系、化學系、師資培育中心教授群協同協助輔具開發、指導研究進行及協助教學評鑑工作；本校跨學科（數學、物理、化學、生物）研究團隊則進行一連串的教案開發與試教活動。

（二）大學多元資源的加入

本校的高瞻計畫主要是與清華大學生命科學系合作，原本僅是想將大學一些先進「生物科技知識」內容引進到高中，所以重心大多放在新興科學議題上。但因為高瞻計畫中要求需有科教的學者專家參與評鑑，所以我們又找到了清華大學師資培育中心的陳佩英教授幫忙。

（三）從學習延伸到討論及分享

在一次與陳教授的對談中，發現老師對於一些科學教育的內容與做法非常陌生，在科學教育方面許多知識和認知都有待加強，因而動了是否要讓參與高瞻計畫的老師先進行「專業成長」的念頭，在這樣的機緣下，就由科學教育的內容開始，展開新竹高中教師專業團隊的各項活動。

一開始的研習內容是以科學教育與科學評量為主軸，主要是希望培養參與教師一些科學評量的新概念，所以先以讀書會方式開始推動教師專業成長。後來逐漸進行開發教案後，就以教案的討論為主軸，其中可概分為教師與教師間的橫向討論，與教師和教授間的綜合討論，而在這二類討論活動不斷的輪流進行下，也讓老師和老師間、老師與教授間逐漸熟悉，而慢慢形成了可以共同學習、共同討論的專業學習團隊。

二、竹中開展PLC的歷程

（一）計畫方向的摸索

高瞻計畫要做什麼？對團隊成員而言是大姑娘上花轎頭一回，因為之前從沒有高中老師做過國科會的計畫，心情是既期待又怕受傷害的。好長一段時間我們摸索著、思考著高瞻計畫的定位是什麼？經過大半年的磨合後終於釐出有三個方向，第一是高科技、第二要跨領域，第三須有創新的教法。但到底要如何執行貫徹，心中忐忑且無前例可循，我們到底該如何去執行呢？

（二）計畫成員間角色的調整

在高中教學現場，教師總是孤獨的面對一個班級，現在要從單兵作戰轉為協同作戰，角色該如何調整？該如何溝通協調呢？經過修正，從蜘蛛變成海星，蜘蛛的身體很重要，切開來的腳無法存活；但海星任何一隻腳斷了，反而可以變成另外一隻海星。我們要的不是單一中心的集權式由上而下的領導風格，而是每個夥伴都可以當主角，再因著計畫的需要，機動地調整彼此的角色定位的分散領導方式。

衝擊挑戰一：

慧鳳老師：以前學校行政推動，主任就如一個小包工頭，把要完成的工作分一分，各自進行最後再來統合就行了。但現在不能這樣了，過程中需要很多的討論及相互的激盪。團隊在計畫推動過程曾受到很大的心理撞擊：有位教授開會的時候完全否定團隊的努力，他說：「我要的不是這個東西，如果是，我大可以請另外的更美麗的人來主導這件事情。」雖然知道教授不是故意羞辱，但委屈受辱的感覺卻真實而強烈。我們只能不斷彼此激盪、磨合，尋找出最恰當的合作模式。

衝擊挑戰二：

慧鳳老師：因計畫內涵是以生物科做為主導，那其他科就是配合角色，這點讓任教主科的老師（尤其是數學）感覺不受重視。當團隊中有老師心存疑惑與委屈時，計畫主持人就必須即時去瞭解及處理。

衝擊挑戰三：

慧鳳老師：老師原都單兵作戰，一有任務時就一肩扛起，不太會去協調分工執掌及求教他人。這種慣性讓計畫的推動陷入瓶頸，經過不斷的嘗試，終於悟出要不定期跟校長及行政報告進度及溝通，獲得行政奧援十分重要，可以讓計畫推動更順暢。

（三）挫折是蛻變的開始

高瞻計畫是自我反思及蛻變的開始，幸運的我們能有絕佳的因緣可以和學校裡的同事一起經歷這一切。當計畫遇見瓶頸幾乎走不下去時，在指導教授群同舟共濟情誼的激勵下，教學演示的老師決定把自己送上「解剖台」，對著計畫中其他的老師們來試教，並請夥伴們提供修改的建議。堅信這是突破自己的好機會，能熬過蛹期的艱辛重整及蛻變，變成一隻美麗展翅的蝴蝶應當指日可期。但最艱難的第一步是：得和夥伴們一起觀看自己的試教錄影帶，並看著他們填寫意見回饋表，害怕一世英名毀於一役。

　　教學演示前查一查書籍及網路資料，統理一下變成自己的東西，現學現賣上課游刃有餘。計畫中教案編寫得從無到有，我們才驚覺：中文不通、缺乏創造力及邏輯思考等能力的不足。在人際互動摩擦中，我們學著先得把面子放下，不道人長短論人對錯；體貼夥伴的感受，學著傾聽夥伴的意見欣賞夥伴的優點，不要害怕沒做過，只要放開心胸虛心學著做就行了。在計畫執行過程中，不斷地聽演講、找資料及請教教授，不知計畫是否真的有利於學生，但能肯定的是其實收穫最多的是我們自己。能有這些正向的蛻變及成長，內心深處好感恩高瞻計畫提供了「做中學」的舞台及資源。

（四）社群的發展及運作的階段回顧

1.磨合期：95學年第一學期，校內生物老師經過一段很長時間的「人際互動磨合」。總計畫主持人（校長）、教務主任、設備組長、子計畫主持人（清大教授群、校內生物老師）及其他校內數理科老師組成的團隊，彼此沒有過專業對話的合作經驗，開會常是各陳己見沒有交集，由

於子計畫主持人沒有行政職也沒有被減課，溝通不足加上計畫時程壓力大，曾因彼此情緒糾葛而造成團隊面臨崩解。最後有賴校長及主任居中協調，及教授從旁給予專業協助，最後決定先建立一個基本的「教案開發模式」：藉由「視錯覺」的探討及研究開始，試圖一窺神經系統的奧妙。但著手之後我們發現專業知識之不足，於是團隊夥伴展開了一連串學習的歷程。

2.開展期：95學年第二學期我們以讀書會及研習來進行專業成長，建立教案開發的標準流程，並邀請本校數學、物理、化學老師及實驗高中生物老師加入團隊。以下條列我們一系列的成長歷程：

(1) 請國立新竹教育大學成虹飛教授主講「行動研究課程」，帶動高瞻參與教師的行動研究。

(2) 國立清華大學師資培育中心陳佩英教授與生命科學系焦傳金教授帶領高瞻團隊進行三場讀書會，共同研討兩本書：《促進理解之科學教學——人本建構取向觀點》和《促進理解之科學評量》。讓高瞻參與教師懂得設計教材教案的方法與原則。

(3) 開始以「視錯覺一窺神經系統的奧妙」為主軸，建立教案設計的標準流程。

(4) 邀請清大學生命科學系焦傳金教授，進行「從視覺研究到腦科學」的專題演講。

(5) 邀請清華大學師資培育中心曾正宜教授進行「視覺化知識表徵——概念圖的教學運用」之專題演講。

(6) 視覺傳導涉及層面極廣，因此也請本校物理、化學教師共同來參與研究。生物科學的研究，均需統計來做數據的處理，因此也請本校

數學老師共同來參與研究。為讓更多老師參與教案的設計與研究，本校高瞻團隊也請國立新竹科學園區實驗高中的生物老師來共同參與，新竹女中的學生也來參與高瞻課程的試教，以增加高瞻課程推展的廣度。

(7) 邀請國立清華大學生命科學系葉世榮教授進行「電生理的探討」之專題演講。

3. 產出期：高瞻的研究團隊經過開展期的知識學習及人才匯聚而壯大成形，四年有成，將教案的開發由「知識的講解」轉為「概念的探究」，主題沿「一個概念主軸」發展出「一系列探索式教案模組」，最後聚焦在「生物電」的探討上。

經過四個學年度，本校高瞻團隊研發教案條列如下：

95學年度教案：以「視錯覺——窺神經系統」為主軸

❖ 眼見為憑？——神奇的視覺（軟身活動：觀察及分析）

❖ 光與顏色　色彩繽紛的化學世界　炫彩螢光（化學：色彩產生的原理）

❖ 認識電壓（物理：神經傳導的本質）

❖ 認識細胞膜電位及神經衝動（生物：神經生理）

❖ 如何利用統計學來幫忙分析數據（數學：實驗數據分析）

96學年度教案：以「神經系統及感官生物學」為主軸

❖ 化學電池（化學：如何產生電？）

❖ 生物電的認識　細胞電池　濃差電池與膜電位（生物：如何產生電？）

❖傾聽神經衝動（生物：如何測量生物電？）

❖聽覺：認識聲波　數位與類比　擴散作用（生物：聽覺　嗅覺）

❖濃差電池與數據處理（數學：實驗數據分析）

97學年度教案：以「心電圖」為主軸

❖向量淺界與電偶向量（數學：心電圖的形成原理）

❖認識心電圖（生物：心電圖介紹）

❖看！心臟會說話（生物：心電圖測量）

❖雖不中，亦不遠矣—廻歸分析淺介（數學：實驗數據分析）

98學年度教案：以「鯊魚如何偵測獵物？」為題，聚焦在發展「生物電一系列」的教案。

❖擴散作用成因的探討（化學：鯊魚賴嗅覺偵側獵物）

**濃差電池與膜電位（生物：鯊魚賴電覺偵側獵物）

傾聽神經衝動（生物：如何測量生物電？）

**偵心在動（一）（二）：心臟與心電圖的原理（生物：心電圖成因及測量）

　　統計——科研巧幫手（數學：實驗數據分析）

> 編注：以上是將以標示**之兩模組為例，分享竹中教師團隊的尋疑歷程與經驗。

　　接下來，我們以「心電圖組」和「膜電位組」為例，介紹老師們的課程發展與教學創新，最後再談高瞻計畫結束後的發展。

三、「心電圖組」之課程發展與教學創新

課程開發者：慶文老師＆寬輝老師

（一）課程發展與教學設計

1. 如何找主題？

　　在高三選修生物的循環課程中，心音與心電圖是學生覺得較容易混淆的內容，所以剛開始只是單純的想讓學生實際觀察自己的心電圖，讓他們對這樣的內容能有較深的印象，並未想到要教學生那些科學概念。但後來在與教授的討論中被質疑教案的目的時才開始思考這樣的教學活動除了客觀知識外，還能培養學生的那些能力？因而慢慢將它發展成一系列環環相扣的教案。

2. 如何讓教案越來越完美？

　　一開始是希望以心臟的功能導入，所以較強調心臟的型態、功能介紹，然後就加入心電圖的測量。但在討論中發現這樣的教學設計不具探討性，僅是讓學生熟悉一些已知的科學知識或現象，所以後來逐漸去思考到底與心電圖要呈現的科學概念和科學技能為何？所以就逐漸加入不同活動。

　　然而在學的實際活動中，發現同學很容易將動作電位與心電圖混淆，也不理解心電圖測量的背後原理，所以又增加了心臟的電偶向量和向量特性的介紹，如此才慢慢將整個系列教案完成。

> **老師的省思——教學前後的共同討論，非常有效**
> **寬輝老師**：教學前後的研討對於參與教師的幫助確實很大，比方說我們在試教之前，先做好構想，而後邀請團隊的其他老師或是教授群來給予建議，他們所給的每一個責難或是具體作法，我感覺都是滿有挑戰性的，所以這個部分我受用最大的。

如果可以再試一次的話，我覺得團隊應該更重視試教後建議改進的部分，真正很明確的再呈現一次，這次不一定要有學生，可以只教給老師們看，我覺得這個教案才有他存在的價值，要不然成了半吊子不夠完整很可惜。

（二）學生學習經驗——學生的學習情形與效果

1. 探究式教學

由於高瞻的精神是鼓勵學生動手操作、自行探索，所以在課程安排上有許多學生實際操作、活動的部分，留有許多時間讓學生相互討論。這種模式對於學生而言是較少接觸到的，所以學生大都覺得很新鮮，學習興趣高昂。只是這樣開放式的教學模式方向不好掌控，往往會耗去太多的時間，且在教學目標的聚焦上也較不容易，同時老師的壓力也很大，因為不知道在課堂上會發生什麼事？但後來漸漸發現出其中有趣的部分，課堂上的火花，常是學生感興趣的所在，大體而言，學生很喜歡這一種上課模式。

2. 教學目標及進程如何掌握？

讓學生自己操作，導致教學場面有些混亂，有些學生很快開始測量，有些學生則花了很多時間才正確的將裝備接好，但能看到自己與同學的心電圖，大家都非常高興。由於對心電圖儀的原理不熟悉，所以都只注重心電圖的圖形起伏，而無法判斷心電圖所能提供的真正訊息，在同學分享測量結果時更明顯的看出這一點。

因為這樣的發現，後來的課程中又加入心電圖儀的原理介紹，與心電圖結果意義判讀的內容，讓學生瞭解心電圖的限制與真正意義。

　　經過整個系列教案的學習後，學生能瞭解到心臟的構造、功能與心電圖的測量方式和結果判讀，達到當初課程設計的目標。此外，學生也學習到了實驗設計、資料蒐集、資料判讀、資料整理與發表的能力，尤其在團體活動的過程中，學生也學會如何與他人相互合作，其整體的教學成效算是相當好的。

3. 體驗是最好的成效，參與熱絡是最佳的成果

　　老師們相信「自己動手做」對學生在學習上一定有成效，只不過當時無法具體言明。真正看到學生的學習成效，是他們參與高瞻嘉年華的比賽的過程。2010年7月所舉辦的「高瞻計畫執行成果展示暨競賽觀摩會」本校榮獲「特色獎」與「評審團獎」殊榮，則是對本計畫最大的肯定與鼓舞。在成績上只能看出學生對知識更瞭解，但在學習活動中，從開始到結束，他們對課程投入的熱絡性，還有參與課程活動或研究、競賽等，其整體表現都持續穩定地進步。

（三）社群發展與運作所遇到的困境與挑戰

1. 時間不足是關鍵，「兼差」主持人心力交瘁

慶文老師：我覺得在高瞻計畫進行時，整個教學團隊的最大困難是沒有一個很好的帶領者。因為每個老師都有自己的正常課務和工作要忙，就連子計畫主持人也都是兼差的性質，所以並沒有一個人有時間來統籌、規劃所有老師和行政人員的工作和成果，所以老師間的橫向溝通與老師與學校和學生間的縱向溝通都嫌不足。雖然已經利用一些共同空堂作為相互討論的時間，但教師間互動的時間仍嚴重不足，彼此的溝通仍不夠好，這是一個有待克服的問題。

健志組長：歷經95～98學年度共4年的高瞻計畫，讓新竹高中的學生有成

長及自我探索的機會，也讓本校行政團隊經歷一場不一樣的挑戰，回顧過去4年的感覺，真是可以充滿酸甜苦辣來形容，參與計畫的行政同仁不但參與教案寫作也負責行政業務，再加上本身又是設備組長，除了自己原來的業務外，又另外增加高瞻計畫的任務，常常是忙的焦頭爛額，尤其又因為經費問題延至99學年度8月份才結束，其中過程若非親身體驗，絕無法得知其中的甘苦。

2. 高中教師及大學教授間專業及溝通上的落差大

教師進行教案課程設計時就會發現到自己專業上的不足，不但是生物領域的專業知識不夠，就連在教學上的科學教育概念也嚴重不足，因而亟須仰賴來自於大學端的支持。雖說清華大學的教授已經很盡力的協助我們，奈何在專業層次上的差距，與互動時間有限的情況下，許多專業上的問題仍無法圓滿決解。教授一般指導對象為研究生，與高中老師的互動方式上落差更大，這點雙方面也需要時間來適應及調整。

3. 教案設計、創新及試教心理壓力大

以往的教學著重在知識領域的正確性、通暢性與易理解性，總是感覺這樣就是一位稱職的專任老師。自從參與高瞻計畫後，經過教授的指導發現這只是基本而非稱職。所以大家便在這樣的壓力下努力去改變以迎合需求。在這個過程中有老師常常午夜驚醒，每天無法安穩的睡覺。在睡夢中一有創舉就立刻起床整裝書寫。有時教授拋出來的問題，要讓設計教學與寫教案的老師一個人來承擔，這才是真最大的壓力。若能拋出一些問題，而後再適度的作一些引導與協助這個老師，這樣才是真正溫馨的團隊。

慧鳳老師：第一次上場試教之前及試教後老師們觀看錄影帶作回饋評鑑

時，都發生非常嚴重的失眠現象。觀看錄影帶那天起床時很累，起了床也沒有辦法去進入會場，就在外面徘徊，一直問自己：「我到底要不要進去看試教錄影帶？」現在，好像練就一種特異功能，做事時比較不會一直挑剔或貶抑自己。以前以為如果被人家發現自己教學有什麼缺點的話，是關係到個人榮辱的問題，並把它們劃上等號。現在會想：如果被發現有問題的話，應該是說教案有問題，自己可以修正也可以提供別人做為借鏡，比較不會針對自己表現優不優的這個部分，產生太多不必要的情緒反應。

（四）教師的成長與反思

對慧鳳老師而言，參加高瞻團隊這期間的最大收穫可以體現在二個方面，即自己在專業知能方面的提升，與和校內教師橫向互動的改善。

1.專業知能的提升

在接高瞻計畫前，慧鳳老師已經在高中教了十幾個年頭，在十多年來的教學生涯中，對於自己任教的高中生物內容早已嫻熟於心，因此並不認為自己在教學的專業領域上會有太大的問題，所以參加高瞻計畫的心態也止於貢獻心力，做點經驗交流的活動和資料，並不覺得自己會因為這個計畫而有甚麼成長的空間。然而在實際執行高瞻計畫時才發現並不是這麼一回事，在透過與其他教師的討論和與大學教授的互動中，慧鳳老師慢慢釐清許多似是而非的觀念，也讓她自己在生物學的認知上有了大幅的提升。當然這樣的提升過程並不是很順利，畢竟當面被許多人批評、指責的時候，內心總是不太舒服。不過當走過這個歷程後，她回頭再看看，會發現其實也還好，畢竟沒有人是萬能的，科學領域如此浩瀚，每個人都有自己的興趣和專長，遇到自己陌生的領域時，犯錯也是

很正常的事情，一旦能調整心態，事情就較好處理了。慧鳳老師認為只要放下身段，就當作自己是在學習的學生，在討論或被批評時就不會受不了，而這樣的心態轉變在平時教學也有幫助，在遇到學生提出問題時較能坦然面對，在學生面前承認錯誤時也不再覺得那麼的困難。

2. 校內教師橫向互動的改善

慶文老師：參與高瞻計畫的另一個收穫則是與校內其他同事的互動變多了、變好了。校內的生物老師有5～6位，雖然不會感情不好，但平時的互動確實不多，有也是偶爾進行一下課程的討論，多數時間都是自己在做自己的事。畢竟高中教師對於自己的專業和教學都有一定的自信，很少想到要向他人求助。然而在執行高瞻計畫時，一方面是因為所發展的是平時較不熟悉的教學模式，且相對的背景知識也不熟悉，所以教師間彼此討論、相互解惑的機會就多了起來。再加上執行計畫時大家都是一起被教授修理的對象，所以很容易同仇敵愾，一起在私下抱怨、罵罵教授，感覺也不錯，不但可以宣洩情緒，也讓彼此的關係變得更加的親近，所以高瞻計畫後，整個生物科教師的橫向聯繫算是達到了一個不錯的階段。

　　我覺得參加高瞻計畫是個苦差事，又累、又辛苦，且常遭受打擊。但相對的自己的收穫也是巨大的，不論是在自己的處事能力、生物科教學專業知識，教學專業技能等方面，都有很大的提升，也讓所有的生物老師形成一個很好的團隊，所以整體而言我覺得參加這個計畫是非常不錯的，也是非常值得的。

寬輝老師：走過四年，絕對是有成長，只是在成長歷程中，有時候感覺上很辛苦的，而在無助的時候，很難找到一個能夠真正解決問題的人。老師之間的互動，我感覺還是不夠，只是限於在這個時段，我們會給老師一些

回饋，爾後就沒有了，感覺上就是完全斷掉。最後我們改進的東西，也都沒有看到後續修正後的部分出來，這個是比較可惜的地方。

　　針對教學觀摩與同儕學習的經驗或改善之處來講，教學觀摩，當然對於我個人，可以學到不少東西。但是在學習的過程中，給同儕做些建議或是經驗分享的時候，對於同儕的改進部分，其實我們卻沒有辦法看到。這是我感覺比較可惜的地方。

四、「膜電位組」之課程發展與教學創新

課程開發者：蕙卿老師&慕璇老師

（一）教學觀念與方法的改變

1. 問題導向的探究式教學

　　高中生物學科中，電生理學屬於較艱澀的部分，學生普遍很難理解及接受，且課堂上礙於授課進度及材料的限制，教師多以講述教學法進行教學，很難引發學生的學習興趣及共鳴。因為高瞻計畫的機緣，我們就決定利用這個章節發展探索式的教學，將一般課堂上口述的內容，抓住其中主要的科學概念後，設計出學生能自行操作並體驗的實驗，學生在實驗後分組討論和分享實驗結果，然後自我建構出新的知識概念。問題解決導向、開放性實驗設計，將團體分析與討論融入教學過程中，以學生獨立思考、建構概念為教學目標，是竹中高瞻課程發展與教學的重點。

2. 嚴謹的教案研發流程

　　跟以往課程發展經驗最大的差異，在於教學前的研討、教學中的觀摩跟教學後的研討是一貫的、精準的，且「被嚴格要求要創新」。從教案的發想、設計、找資料到教學之間，有豐富的討論，試教時的檢查、

教學進行時的觀摩，每回教案都重複修正再修正，整個過程可說是「危機重重」。每一階段的嘗試都經歷無數次的創新和再造，除了有突破的欣喜，更有暴露自己不足的痛苦。最辛苦的是，當一個段落終於建立起來，討論會的結論卻決定必須重來；每每以為自己已經度過最艱難的時刻了，立刻發現自己太過樂觀，要突破的框架還不只一道，而蛻變是唯一的選擇。

3. 教思考——概念的建構

陳佩英教授提醒我們：「教思考」才會引發學生思考，這裡牽涉到每個人不同的比較基準，學生要瞭解的概念建立在他舊的知識或經驗上，比較的基準是由他自己決定的，如果老師連比較基準都告訴他，那學生就不可能思考，因為每個人的經驗不一樣。當學生在思考問題時，他會自己去尋找出起點跟比較的基準，並連結他的舊經驗，發展出一個新的經驗，而每個人建構概念的過程都不同。若在教學時少了這一塊，學生就不可能發展思考，這就是為何要用問題引導教學了。好的問題它會讓概念本身循著一些路徑扣連起來，這些概念和概念間的連結是用問題去引發。

（二）學生學習經驗：傳統式教學v.s.探究式教學

開放式探討式教學的精髓，掌握不易，必須對教學發展有高度的瞭解與整合。因為開放式的教學沒有侷限範圍，教學時學生很容易知識擴散發展，在這個階段，老師的知識地圖和概念圖的分析整合，需要非常到位。這種教學和傳統的教學在施教理念上截然不同，我們充分的準備，是為了迎接上課時因不確定性而激盪出的火花；如果只在乎教學活動表相的全盤掌握的話，很容易落入我們過去傳統的講述教學：老師準備好所有的材

料，課程中老師是主體，學生是被動式的學習，通常學生會問什麼問題接什麼話，整個章節的抑揚頓挫都在教學的意料之中。反之，開放式的教學充滿不確定性，因為絕對無法完全掌握，開放氛圍中的學生一定會問出一些好的問題，那些問題是你永遠沒有想到的，也沒辦法事先準備的，這些珍貴的教學火花，可以幫助老師成長。不同的學生，問的問題也不相同，師生的互動在探索式教學是很重要的回饋機制，當你真正試過並掌握到一定程度時，就會有信心了。

（三）困境與挑戰

1. 教學方法與觀念的改變

　　起初我們以為，運用尖端儀器和跨領域設計出的教案就具有高瞻精神，經過不斷充電、討論後，才放下瑣碎的內容，找出每個教案中的科學概念，並設計出關鍵問題。為了找出關鍵問題，必須設計一個邏輯、並扣住所有該扣住的東西，這是無數次「被檢討」後才被激發出來的，終於，我們將教案轉變成以關鍵性問題引導的開放式教學。我們本以為準備好素材，設計好足夠的關鍵問題，在教學時，學生自然就會順著我們預定的路徑走下去。其實不然。我們要做的事是引導學生去思考問題，涵養學生的思考過程，不是教給學生知識的內涵本身。「教授知識是如何被建構起來的」，其實就是一種「思考」，這很不容易做到，因為老師必須先打破固有的知識結構和教學框架，回歸學生每個人建構概念的過程。老師心理上最大的煎熬，是要打破原本精準掌握的教學架構，因為教的不是知識內容，你會感覺很心虛，好像沒有東西可以教給學生，不過蛻變之後會彷彿打通了任督二脈，教一個思考會引發另一個思考，對老師和學生都是很值得的學習過程。

2. 時間的不足是限制因子

我們在研究團體裡享受到注入活水充電的快樂，但是高中老師在學校教學的負荷並不允許從容的激盪與沉澱，尤其擔任領頭羊的老師，擁有三頭六臂仍嫌分身乏術。曾經讀到建議給高中老師教學滿十年給予進修半年的方案，這半年也可以和師資培育大學合作，讓在職老師和實習老師的專業和教學進修，甚至人生的進修落實，有效儲備發揮教育的力量，若教育專責單位能在提升教育品質的目標下思考這個提案，是中等教育之福。

3. 教師間的專業對話對教學的影響

在教案研發過程中，由於是第一批進行高瞻計畫的團隊，對於計畫的目標並不清楚，也對於究竟要教什麼，無所適從。幸而有大學端教學和教育團隊資源的引入，多次的研習幫助教師們更瞭解探索式教學、利用教學概念圖掌握教案中教學的主軸，並找出教學過程中的關鍵概念，對教師本身專業有非常大的提升，也提供不同教學方法的參考，實屬難得且珍貴的經驗。

此外，為了銜接跨領域的教學，不同科的教師們必須時常交流討論，並對科學用語及定義深入研究，也讓我們形成社群，在高瞻結束後仍維持運作，持續影響我們日後的教學。

（四）教師的成長與反思

1. 教學觀念的蛻變

透過這一次的高瞻計畫，我們在教學觀念上和科學態度上有了改變，才有著力點去改變一個教科學的態度。原本我們常引導學生主動去

研讀豐富的生物科學知識，引導他將知識有效的組織分析，以為我們所熟悉的問答互動的教學模式就可以捉到探究式教學的精華了。經過高瞻計畫洗禮之後，才發現教科學概念比教知識的層次更高一層。我們會瞭解、分析一個概念，解構它，然後再從新組合建構成自己的概念。比如說電好了，也許老師教完之後，學生學完之後，能說出來的東西，表面看來跟課本上所說的重點並沒有明顯的差別，可是因為自己分析過它，用不同的角度去解構它，後來又把它重整到既有的知識架構上，這樣子的改變，對於老師和學生之後的想法或做法上的影響其實是非常大的。

2. 外界專業的導入引發內部的專業成長

　　支持我們做下去的動力是夥伴老師們的努力和一起成長的快樂，看見學生在上課時的專注和與知識相遇的感動，而陳佩英教授用心呵護指導脆弱的新生團隊，曾正宜教授知識地圖及概念圖等等教學技術的適時提醒，適切的讓焦傳金教授和葉世榮教授的課程專業連結上我們自己的新思考能力與教學方向，都是我們能走出新路的關鍵。我們深刻的感受到專業社群發展時，外在的專業導入是很必要的初始條件，在社群發展的專家陳教授的鼓勵與協助之下，我們和教學方法與生物專業的教授們有了密切深入的交流，成為我們專業發展的源流活水。若少了大學教授的協助，社群的領頭羊不容易出現；若領頭羊沒有足夠的行政支援或社群成員的信賴，社群就可能瓦解；若缺乏用心經營此社群的外在的專業導入，光靠社群內部的專業發展，其創新和維繫的動機恐怕不易堅持。我們何其有幸能有這樣的成長機會。

科學概念的剖析、聚焦及篩選

蕙卿老師：我現在更從容更自在的去處理生物科學等繁瑣的主題，因為我知道我要教的其實是概念，我以前列的概念實在是太多了，我現在知道真正的重要的是什麼，那剩下的都是學生可以自己去拆，然後自己去重組，不是每一樣知識他都必須在現在就要，全部都塞進去了其實腦袋就是一堆垃圾，他要懂得取捨，最後才會拿得出來用。有經驗過高瞻教學的學生，雖然不見得在科學展覽表現突出，可是他們問問題，他們在討論的時候，整個層級是跟以前不一樣的，他有動力，他會去找答案，是因為他真的想知道答案，他發現你他看到的或是你告訴他的東西是邏輯上是有問題的，科學教育精神才是落實扎根了。

師生互動品質的提升

慕璇老師：教學現場通常以教師為主體，當教學主體變成學生，評估學生的能力、基礎知識背景、反應及回饋就成了非常重要的課題，這是過去教學中教師可能比較缺乏的能力，透過高瞻計畫團隊合作，提升了上述教師專業的部分。

現在上課時學生問問題的頻率增加了，而且都會問一些以前從來沒有問過的問題，讓我非常的訝異「為什麼會這樣？」可能是以前把教材有問題的部分，盡量透過我自己非常習慣性的一種很完美的解釋方式，在教材中依序把它帶過去，學生也就從來不會在那個地方發生問題了。現在我會刻意在某些地方留下伏筆，教案會寫上些疑難問題，請學生想一想動動腦，用這種方式讓學生學習回答！

> **慧鳳老師**：以前教學時會把疑難觀念Q&A先講述給同學聽，發現這樣效果並不好。現在的方式是就把課程內容先講完，然後在關鍵地方我就會保留不多講，等講完一個段落再讓同學發問，請他們試著提出問題。當學生來問問題的時候，我不覺得應該得馬上就給答案，有時會反問他們另一個問題來引發學生思考，對於不會的部分也願意跟他們說：「對不起，這個問題我沒辦法完整回答，可能要請物理（數學、化學）老師協助！」讓師生一起來尋找答案。

五、從高瞻計畫到生物教學工作坊

　　竹中高瞻教師團隊從參與高瞻計畫開始，便進行一連串的尋疑、教學精進之旅，4年來行近尾聲，但尋疑、合作、教師專業成長的步伐卻依然持續前進，甚至邁出校園，在新竹地區形成一股新風潮，跨校的「生物教學工作坊」成立了，將教師專業發展的組織又向前推進一大步。

竹北高中秀瑤老師：這學期的教學工作坊除了討論教學疑難，也有幾次由各校提供期中考題目及試題分析，針對題目的題幹及選項的敘述及誘答性，進行題目的分析及修改。經過交流更容易看到自己的盲點，也因此會更注意該如何出題才會是有效的評量。謝謝所有參與的生物老師及指導教授們，這學期的參與，讓我收穫良多！我也會向看見這篇文稿的先進們強力推薦，有參與此類工作坊的機會時，一定要排除萬難參加，因為你一定會像我一樣豐收的！

新竹女中宜昀老師：最重要的是能聚集一群志同道合的夥伴，在特定的

時間一同坐下來討論大家的教學疑難，首先必須有人無私的貢獻自身的教學疑難、有人能演示自己的教學流程、並能彼此互相討論。可以和其他第一線的老師互相討論，可以增進彼此之間的交流，進而一同成長，而不會覺得自己在講台上孤軍奮戰；而在專業素養的部分，每次都有教授的參與，讓我們能夠開啟與大學溝通、接軌的橋樑，亦能吸收到許多第一手的新知，確是獲益良多。

瑄第老師（實習老師）：尋疑會議搭造了老師們互相討論教學的橋梁，同時能向專業的教授們請教，更是讓會議激起更多火花。不過有時外校的老師們調課安排較不方便，會議時間如能提早排定和通知，能讓更多老師們能參與；並且會後如能在課堂上示範教學，學生們實際的回饋應可讓參與會議的老師們更有收穫。

　　來自不同學校的老師共同參與新竹區生物教學工作坊，可見竹中高瞻經驗已跨越校園圍牆的藩籬，影響了新竹地區的老師們。竹中的尋疑團隊播下的教師專業成長種子，已然在新竹生根、發芽，期待未來成樹又成林的一片風景。

教師專業學習社群在麗山
——麗山高中校本課程形塑歷程的經驗分享

　　校本課程與學校發展和教師教學有著密切關係，然而教師在課程發展中扮演什麼樣的角色？教師如何獲得專業成長，並能與同輩對話？在工作繁重之下如何引發教師加入課程改革和強化專業成長之動機？由於麗山高中有其獨特之發展與脈絡背景，麗山教師社群與課程發展的經驗，對於高中教師社群提供了行動與結構深層對話之關係與意義。

※作者群
呂雅玲　老師
林永發　老師
邱淑娟　老師

麗山高中高瞻一期　社群成員

陳偉泓校長	孫欽祥老師
林永發主任	徐志成老師
邱淑娟主任	張良肇老師
柯明樹主任	張素卿老師
張堯卿主任	郭玉雯老師
王意茹老師	陳惠雯老師
白偉民老師	黃士蔚老師
吳明德老師	萬義昉老師
呂雅玲老師	廖偉國老師
周家祥老師	趙承斌老師
林群軒老師	劉燕孝老師
金佳龍老師	謝碧景老師
洪華穗老師	

前言：等待遨翔

「如果將百年名校比喻成一隻遨翔天空的老鷹，那麼對89年創校的麗山高中而言，就像是一隻嗷嗷待哺的小鳥，我們還在學習如何脫離母親的懷抱學會獨立飛翔。一群不同時期進入麗山的老師們，皆目睹及親身參與了學校的變化，我們擬以不同的角度把看到的歷程經反思後分享出來，希望藉由多方敘事，可以提供故事的廣度與深度，與大家分享並彼此共勉。」——麗山高中數學科　林永發

金面山下的科學夢工場

一、獨樹一格的校本特色課程

麗山高中自89學年創校以來，即以科學教育發展為宗旨，在高一高二普設每週三小時的「研究方法」與「專題研究」作為學校本位課程，目的在於培養學生科學的態度，運用科學的方法，由「做中學」增進創造思考和解決問題的能力；其次在激發學生的研究興趣，培養學生體察週遭環境、發現問題、蒐集分析資料、操作驗證、撰寫報告等實驗研究的能力，以養成終身學習和研究的習慣。

不過，課程實施經歷過不同的階段。在89-91學年，高一「研究方法」、高二「專題研究」，只限於數理學科，由授課老師以輪轉的方式獨立運作。91到94學年：高一上實施「研究方法」，高一下改為「專題初探」；高二仍實施「專題研究」，原則上仍以數理學科老師以輪轉的方式獨立運作。94學年度第一學期「研究方法與專題研究研討會」決議

於專題研究課程增加5個專題的空間，讓學生有更多嘗試的機會。

在課程架構求變之際，其實校內老師對於特色課程已經出現了不同的聲音。

二、特色課程的反思：兩種聲音的拔河

（一）「可不可以取消校本課程？」

從93學年開始，部分教師提出校本課程改革的要求，94學年度，學校課程發展面臨重新定位的思考。當時教師會的「教師問卷調查」與「座談會」可歸結出本校專題課程所面臨之兩項困境。首先，大家想要釐清的是麗山的教育目標是教學生做專題還是科展？教科展與拼升學是否衝突？其次，各學科實施專題課程教學不一致，導致有些學科課程結構統整性不足而難以傳承，師資結構也陷入疲憊之窘境。

當時，有一股反對的力量蘊釀中，溫和些的建議局部調整課程，或將專題課程改成選修，極端些的則主張，「索性取消特色課程好了。」

（二）「可不可以精緻化校本課程？」

不過，有些學科教師認為研究方法與專題研究作為校本課程，不可輕言廢除。94學年度的教務主任林永發老師在面對校內不同聲音時，體認解決特色課程的困境需要更多由下而上的論述歷程與空間。

三、朝向精緻化的轉折點

（一）內部自覺：新校長、新團隊

在麗山特色課程面臨轉型辯論之際，學校行政也逢新校長接任和主管換血，內部自覺應該建立一套精緻的、系統化的核心課程。因此由陳偉泓校長召集組成規劃小組，開始建構「麗山高中校本課程培養學生之能力

指標」，並透過課發會及各學科教學研究會尋求共識，再將其落實於「全校性探究課程」的規劃。

由以上歷程可知，麗山從教師到行政，始終關切校本課程與學生學習的關係，並持續調整修正。這隻逐漸成長的幼雛，已慢慢學習如何展開雙翅之時，一個破天荒的「催熟」計畫實際促成了麗山團隊有組織有系統的改變，豐實了年輕的羽翼，那就是國科會的「高瞻計畫」。

（二）外部資源：國科會高瞻計畫

94學年，麗山以「綠・手・機－麗山高中全校性科學探究課程創新發展計畫」為主題通過國科會四年期整合型的計畫，並於95學年度開始執行。這個計畫除了由陳校長主持的「總計畫」外，還有兩個子計畫，由教務主任回任教職的林永發老師擔任子計畫一「基礎科學探究課程創新發展計畫」之主持人，另一計畫則由物理科張良肇老師負責。

林永發老師認為麗山申請高瞻計畫的契機，實與學校教師息息相關。「我在94學年參與高瞻計畫起草階段即擔任計畫主持人，在課程發展計畫撰寫期間需不時整合跨科的教師社群，而從校本課程發展到參與高瞻計畫，麗山高中教師經歷了不斷摸索與改變，才從原本鬆散科際分明的計畫團隊轉向跨科合作，透過團隊學習與行動研究相互學習，建構並分享新的教學經驗與知識。」

95學年成為麗山課程走向精緻化的開始。

與專業學習社群的邂逅

95學年度高瞻計畫啟動，子計畫一目的在「研發基礎科學探究課程，以培養高一學生基礎的科學探究技能；並藉由課程發展，提升教師

的專業知能。」同時希望藉由此計畫尋求跨科合作，推動校本課程的研究與發展。林永發老師將95學年度所有教授高一研究方法15位老師都納編為子計畫一的研究團隊。從開學前，子計畫一就緊鑼密鼓開始運作，總計畫主持人陳偉泓校長以及計畫主持人林永發老師帶領研究方法的任課老師規劃及整合課程，尤其對於高一前六周的課程「認識研究」做密集的討論。開學後，林老師也幾乎每週召集老師討論課程，其中也包括了甫由校外進場接任教務的邱淑娟主任。

邱淑娟主任一進入麗山就沒有預期地扮演了從未想像過的多重角色。除了負責高瞻計畫的行政業務外，邱主任當時因是高一研究方法授課老師所以也屬於子計畫一員，又因為教務處負責統整校本特色課程規劃，所以也以行政的角色進場。邱主任回憶：「95學年度轉到麗山，我以22年第一線教師的經歷，意外地接手教務主任一職，當時可謂帶著初生之犢的勇氣一頭栽入完全陌生的領域。我是人文背景（英文老師），和科學為本的學校就有很大的差異性，且一進場馬上要執行國科會的高瞻計畫，身負精緻化校本課程的責任。當年幸虧有陳校長、永發老師和許多老師的支持，這樣的社群力量是我在危機中的支援脈絡，沒有他們，我可能熬不過來的。」

在當時，「教師專業學習社群」的概念尚未普及，不過這兩位主任的感受及行動都顯示了「專業社群」的力量。永發老師憶及：「透過文獻與專業學習社群概念的邂逅，更讓我深切體會這段摸索與合作經驗，不單指涉個別教師的專業成長意義，更蘊含了組織學習、社群專業認同等學術研究之重要性，也是學習能自我更新的重要途徑。」

高瞻計畫正是開啟麗山校內社群形成與發展的重要關鍵，而麗山的

高瞻團隊發展歷程，恰可印證教師專業社群的發展。

一路走來：麗山高瞻PLC有機發展

　　從校本課程到高瞻計畫，主持人與行政同仁和教師角色的認知不斷地折衝，這對於許多參與者而言，確實是一大挑戰。其中一個原因是，教師們皆非課程專家，對「課程規劃」相當陌生，因此在跨科合作上難以發揮有效的專業合作；其次，跨領域社群運作也異於一般學科教學研究會，如何建立夥伴關係的過程、如何積極帶動教師參與在起步時都顯得困窘；再者，所有高瞻計畫負責人需兼顧教學與研究，擔負計畫產出重任，著實面臨與時間和工作的雙重壓力。即便如此，麗山的高瞻團隊在校長、主任的支持，以及計畫主持老師的領導下，使麗山的教師專業社群一步步朝向成熟邁進。就像個有機生物體般，麗山高瞻PLC經歷不同生命階段，因此也編織出不同的生命故事。

一、倉卒的摸索期

　　高瞻計畫第一年為配合高一研究方法課程的實施，因此邀請擔任此課程的老師參與課程開發。組成原則除了擴大學科參與外，也希望藉此協助教師專業成長，充實各科教學與研究方法之教材。但跨科整合難度高，教師的共同時間難覓，只能利用傍晚五到六點的課後時間進行短暫討論。由於組合時間倉卒使得互動與溝通不足，共同專業成長的時間也很難安排，因此，此階段明顯僅以任務分工的方式進行課程研發，大家的參與相當勉強。淑娟主任回憶：「我還記得當時常借用科學館五樓地科教室，看得出大家在征戰一天後，參加課程討論的些許無奈。不過，看到主持人對理想的堅持，吃著計畫主持人為大家準備的水餃酸辣湯，

會議也就一場場地開了下去。」

　　計畫邁入第二年，研究方法課程的師資必須配合調配，子計畫一團隊因此陷入重新找人的困境。主持人林永發老師意識到，計畫若仍採「校本課程階段性任務導向」，將使高瞻計畫課程發展與教師專業成長每年重新洗牌，延續性將受影響。第一年的實施方式突顯以下困境：

（一）龐大的組織中納入所有研究方法的授課老師，群夥伴關係尚未建立，異質性跨科教師因為缺乏專業對話與討論，又沒有系統性的教師成長與課程發展計畫，導致教師在未達共識前，就必須各自獨立進行教材開發。

（二）高瞻計畫啟動前之課程規劃、發展與實施倉促，缺乏充分論述，課程主軸不明確，缺少「探究學習」的內涵等，使計畫之課程內涵顯得零散或缺乏創意。

（三）面臨跨科進行教材審查時，亦因缺少深入的夥伴關係使得審查難以進行，迫切需要專業外援。

二、計畫的磨合期

　　為了避免第一年的執行窘境影響往後三年的運作，因此在第二年做了策略調整與重新規劃：

（一）組織重整：縮小編制重新組織團隊，尋求同質性高、喜歡論述、願意分享且有意願參與課程發展的教師，同時也另外尋求一位自然科的教師擔任計畫共同主持人，與主持人分擔帶領團隊的工作。

（二）將本計畫定位為校本課程的研發單位：全力發展課程模組與教學範例，使課程研發與課務運作脫勾，強化團隊教師的夥伴關係。

（三）成立教師成長工作坊，建立團隊共同聚會時間：由教務處協助週二下午不排課，有計畫地推動讀書會，增加團隊互動機會，以及專家實務指導研習，先增進教師專業能力的成長，再進行教材開發。

（四）擬訂教師成長計畫，互相分享：由主持人與共同主持人有系統的規劃教師成長計畫與各項課程的研發；並在課程發展歷程中建立分享的機制，設定不同的階段目標與檢核點，以有效控管品質。

此階段的初步成果：在有計畫推動之下，子計畫一針對「問題導向學習」（problem-based learning）與「科學創意教學與評量」兩個主題舉辦讀書會及專家指導研習，教師能對共同的主題與目標進行深入的討論。讀書會除了使教師認識彼此的專長領域，也增加同仁之間互相瞭解。第二年果然發揮了預期的功效，教師團隊完成「基礎探究能力課程」與「領域探索課程」共七套子課程的教材開發，也開始從夥伴口中聽到大家對於所屬團隊的認同與肯定。

此階段面臨的困境：有兩位夥伴因個人家庭因素無法繼續參與，因此計畫進入第三年仍須面臨教師人力的調整，這對主持人而言實為一大挑戰，對於團隊運作也產生影響。

三、穩健的邁向開展期

為了讓計畫延續，主持人在第三年計畫中特別規劃充裕的課程研發經費，讓每位參與教師都享有對等待遇，並期待能使社群中每一個成員發展出平行關係，進而為團隊建立長期的夥伴關係。在計畫方面，第三年接續先前完成的教材開發，接著進行評量工具的設計，並請科學教育專家協助建構科學探究能力的評量。在人力上，團隊裏不但有數理老

師,也正式邀請一位公民老師(呂雅玲老師)加入。每位教師的角色也因此從設計者轉換為實驗者與研究者,著手觀察記錄與評量、深入探討實驗成效並撰寫研究報告。同時,透過分享方式進行成效檢討與專家審查,使得課程發展漸趨穩定成熟;計畫團隊也從鬆散的組織逐漸發展成為一個有計畫、有目標、有理想的團隊,進入始料未及的佳境。

　　在此引用林永發老師歸納麗山教師專業社群的發展歷程,以下表呈現麗山高瞻計畫的團隊合作、教師專業發展與課程發展三者之關係與成長軌跡:

表一　麗山高中專業學習社群實踐歷程

學年度		團隊合作	專業發展	課程發展
摸索期	94學年	以行政為核心 尋求共識 擴大學科參與		起草校本課程培養學生之能力指標 規劃全校性科學探究課程 配合校本課程發展申請高瞻計畫
	95學年 第一年	由研方教師跨科組合獨立分工,產出導向階段任務導向夥伴關係	參與高瞻辦公室辦理之專業發展成長研習	提出課程架構、研發流程、格式 召開95研方課程說明會 邊教邊發展教材
		缺乏專業領導 缺乏互動與論述	缺少跨科共同時間	跨科審查缺乏專業評鑑 課程工具取向缺乏探索內涵

學年度		團隊合作	專業發展	課程發展
磨合期	96學年第二年	團隊夥伴縮編重組建立共同研究時間，增加跨科對話與小組合作	提出「PBL」教學模式提出教師專業成長計畫，進行讀書會與專家進場指導	重構課程目標，提出「問題解決」為學習核心的探究課程發展計畫。邊成長邊發展教案，完成規劃並分享
		小組主動互相支援發表機制帶動分享氣氛期末聚餐	各領域發展尋求外援科學創意教學與評量專家指導	確立教案設計方向完成教材、專家審查修訂與分享基礎/領域課程教材設計成果發表
開展期	97學年第三年	確立長期夥伴關係外部的肯定	「如何評量科學探究能力與分析結果？」專家指導	提「科學探究能力評量」開發計畫評量表檢核與專家審查進行教學實驗、成效檢討與分享
		內部自我肯定內部進度監控	「如何撰寫實驗研究成果報告？」專家指導參加98高中教師行動研究	撰寫教學實驗研究成果報告對外聯合成果發表提出「如何形成研究問題？」創新課程研發構想
	98學年第四年	專業的學習社群的延續由下而上、自我建構	讀書會：「如何指導學生形成研究問題？」	提出擬題課程「如何形成研究問題？」創新課程發展計畫規劃能力認證或能力評量

內在聲音：社群成員的心路歷程

在籌組子計畫一課程發展團隊時，主持人發現教師的參與動機、教學經

驗與信念、以及跨科合作關係等因素會是教師專業學習社群建構所要面臨的重要問題，也會是影響未來計畫執行是否成功的重要關鍵。現在，就讓一起看看其中兩位老師一路走來的心情故事。

一、勞苦功高的林永發老師

麗山創校至今，校園的教師合作文化在不同角落以不同的型式逐漸形成中，但一起為一個整合型的課程發展計畫而跨科合作卻是頭一遭。永發老師從教務主任、到高瞻計畫的主持人，肩上承擔著大家想像不到的重任，但他帶領著老師們一步步走向教師專業發展之路，且聽聽他的心聲。

（一）參與動機的消長

1. 理想與現實的衝突：94學年在新任校長的帶領下為校本課程建構理想目標，並透過高瞻計畫爭取經費資源達成理想。然而在執行高瞻計畫第二年（96學年），我本身除了面對工作重心的改變，在面臨計畫中處理經費與資源配置這類無關計畫本身的問題時頓感無奈，開始有不知道為何而戰的感受？因此在第二年結束時有了倦勤的念頭。

2. 價值目標與願景之重構：幸好在回顧當初申請高瞻計畫的動機——為校本課程建立一個穩固的核心課程之後，找回初衷並重新鞏固自己的價值目標，也將其轉化為繼續往下做的動力。特別到了第三年化被動為主動，提出「如何指導學生形成研究問題？」新課程的構想，這個過程猶如拼圖般，在試圖貫徹理念的歷程中，因為想要完成最後一塊拼圖而產生了自我激勵。

3. 支持性的領導：因為是首次跨科合作，在提出一個新計畫或概念的情況下，加上沒有專家進場，難免會以過去實務經驗的舊思維，甚至以

觀望的態度來因應計畫的要求，失去嘗試課程創新的衝勁。但當新的計畫或概念逐步有系統地提出來之後，教師們嘗試接受新概念，特別是第二年充分的互動與討論中，教師們互相分享、瞭解差異，進而捨棄舊我、進行發想和發展新的認同。

　　儘管我在教材分享的過程中不太善於鼓勵同仁，幸好有校長與主任不時的在旁勉勵並肯定每位教師的表現，使得團隊向心力得以凝聚。記得在第三年上學期期末的一次教學實驗成效檢討會上，老師們正在分享進行教學實驗前所設計的評量工具時，我對大家驚呼：「這是麗山創校以來，第一次有專題研究方法課程標準化評量工具出現，無論品質如何，至少不需要再單憑科展產出來定義學習成效。」這項結果著實令人感到振奮！

　　探究整個歷程的變化，重要關鍵在於建立明確的目標與有系統的執行過程。教師團隊共同經歷一個完整的課程發展歷程，從課程規劃、教材開發、評量設計、到教學實驗，讓教師感受到付出有所回報的成就感，情意面也獲得提升，於是不斷產生自我成長的動力。

（二）角色定位與任務變遷

1.分享型的僕人領導：計畫主持人應展現專業領導，然而在跨科的教師社群中，除了質疑自己的專業能力外，也深怕同儕的質疑與不信任，所以很期待同儕能夠以平行的夥伴關係，合作分擔計畫的推動。但在團隊開始運作時，難以消弭由上而下的合作關係，故初期只能自我定位為帶頭犧牲角色，學習做一個僕人式的領導，凡事先帶頭做，以同仁願意參與為第一要務。直到逐步提出完整的課程發展計畫取得同儕信任，在大家願意接受任務、積極參與之後，始有成為一個領導者的感覺，也就是自信。

　　此外，對教師而言，第一年只要負責教材，無論好壞就算達成任務，但主持人卻必須全盤承擔國科會的審查壓力，責任很難移轉；直到第二年邀請一名自然科老師擔任共同主持人參與各項計畫的起草之後，我的工作壓力才得以減輕。有共同主持人的好處在於當我有新的想法時，可以先有討論的對象，我們達成共識之後，再去與其他夥伴商量；甚至有時在計畫進行的腳步過於快速時，共同主持人可以擔任監控的角色，適時提出修正建議，使同儕在教學工作與參與計畫執行不致於造成過度負荷。

2. **教師共同學習——從教材設計者到研究者**：在計畫初期，很難做全盤計畫說明與分工，所以初期先設定教師是一個教材設計者的角色，無須參與研究。可是當發展到評量工具、進行教學實驗時，就轉變成一個教學實驗者；最後又必須轉換成撰寫報告的研究型教師。倘若一開始就規劃每一個人工作範圍包括從設計教材到研究報告撰寫，我深怕大家會打退堂鼓，因此這樣的轉變似乎也是不得不然的做法。結果令人不得不佩服大家驚人的表現，更清楚看見教師在課程發展中的無限潛能。

（三）焦點議題與討論氛圍的改變

1. **教師共同學習——提升專業**：第一年因為教師共同聚會時間難覓，而無法作深入的討論與溝通，只能將議題設定在事務面的討論，諸如計畫說明、期程與工作分配、教材格式等；也因為跨科導致實質討論課程內涵的難度很高，又處於由上而下的合作關係，使得教師們難以有效進行課程核心的討論。但進入第二年，本校實施週二下午不排課，做為共同聚會時間，主持人得以有系統地規劃教師專業成長計畫與課程發展計畫，並針對課程理念、目標與實施方式進行討論。同時，我們也透過讀書會與專家指導研習充實教學專業知能，如「問題導向學

習的教學模式」，教師們得以透過對話瞭解「科學探究」的認知差異。到了第三年議題逐漸從事務面、計畫面進入課程核心。因為議題的深入討論，才真正感受到教師專業成長的提升。

2.**教師共享教學實務──討論氣氛亟求鬆綁**：我們所期待的教師專業學習社群是一種平行的夥伴關係，希望透過群體的討論溝通來決定議題的形成與結論，因此期許每次聚會討論，盡量避免嚴肅的開會形式或以由上而下的姿態進行單向分工說明。在會議中雖然多數仍由主持與共同主持人發動議題討論，但也試著努力將會議轉化成工作坊、讀書會或經驗與成果的分享會，甚至安排期末的聚餐、下午茶等柔性的聚會方式，讓討論方式可以多樣，也讓教師社群能夠在輕鬆的氛圍中獲得充分的交流，形塑教師互動與專業成長的有利條件。

（四）分享領導──決策（共識）形成歷程的變遷

綜觀計畫的發展，早期初始動機雖是由教師會反應教師改革的聲音，後由校長發動計畫的開發，然後進行一個由上而下的課程開發；主持人則介於校長與教師之間扮演著居中的角色，依照規劃擬出各種課程發展計畫。起初的決策過程多是先向上取得共識，再向下尋求認同，然後形成決策；後來又經歷從「由上到中」至「由中到上」的不斷折衝，直到第三年開始轉向由中間發動議題後，先向下尋求共識，再向上取得認同形成決策。換句話說，整個團隊已經開始由下而上提出教師的構思理念，逐漸邁向獨立形成決策，這是很有趣的轉變，也是教師的自我成長與自信的展現，「教師專業」於焉成形。

二、仗義跨刀的呂雅玲老師

一位公民老師，在以科學為發展重點的麗山，如何與數理科老師合

作，進而找到社會科老師的尊嚴與發展？聽聽雅玲老師的心情故事。

（一）不甘寂寞的天性

記得當初加入這個團隊，是因原先參與的老師計畫懷孕之故，請我接替這個工作。一開始我還不清楚知道要做什麼事，心裡非常忐忑，還好召集人永發老師非常有耐心，不厭其煩地一再說明高瞻計畫的屬性、內容與未來可能的任務和需要承擔的工作壓力……等。

或許是因為我生性不甘寂寞，而且如果參加，就有機會跨出學科的範疇，與其他學科老師合作，改變傳統的教學模式，又聽永發老師說學校規劃大學教授進場指導，我想這應該會頗有意思的，於是就在這種因緣際會之下，開啟了我為期三年的高瞻團隊經驗。

（二）觀念的洗禮

我在參與麗山高瞻計畫期間，設計了一套「溫暖的危機」的課程，這是用在本校校本課程「研究方法」——基礎科學探究階段的課程，這份教學設計不僅完成我在高瞻計畫的任務，對擔任教師的我來講，亦是一場觀念的洗禮……怎麼說呢？

1. 楚河漢界的分割

我是麗山高中的公民老師，誠如大家聽聞的，麗山是一所科學高中，一屆10個班級中（不含體育班），只有2個社會組的班級，社會科教師與社會組學生在麗山的處境可見一二。

麗山自創校以來就有二門校本課程：「研究方法」與「專題研究」，這是獨立在教育部的課程綱要之外的，要在課綱規定、及總授課時數與他校相同的限制下，擠出每週3小時給校本課程，當然得縮減其他學科的授課時數。

從88課綱到95暫綱，麗山高一的公民課都是在每週授課一小時的情

形下陷入不停地趕課、再趕課的窘境（別的學科也是）。多年來我們在教學研究會與課發會上不斷地反應這種困境，說實在的，我相當排斥這二門課程。因為：

(1)剛開始，學校只有規劃數理學科才有開研方與專題這二門課；

(2)基本上，它超出了我原有學科的專業領域（不是我的公民專業課程）；

(3)心態上，我認為一切加諸在麗山社會科的弱勢遭遇，與不公平的經費分配，都是這二門課程惹的禍。

所以一開始，我跟這二門課劃清界限，那是數理科的事，我不想跟他們有任何關係。

2. 可是，問題來了：我的課不夠，怎麼辦？

當時，在我剛結束七年的行政工作，實在不想因授課時數不足的關係再回到行政工作，所以我不得不參與「專題研究」的開課。這是我第一次跨進這門課程的原因，不怕各位見笑，有一點是迫於現實的。

3. 不過這一上，可上出一些感覺來了……

因為沒有考試與進度的壓力，而且每週3節課連排的規劃，提供了教師一個非常大的揮灑的空間，平時無法好好實踐的教學理念、好好進行的教學活動，在這門課中我找到了可以一一實現的舞台。

我以社會科老師的觀點，設計一套「溫暖的危機」課程，這個課程著重在「建立態度、培養熱情與實踐力行」的發展過程，希望培養學生在科學探究上先具備學習的態度、激發學習的熱情，因為有熱情才能持續而且身體力行。此外，「溫暖的危機」融入PBL的教學策略，讓學生一方面關注「暖化」這個現象所造成的社會問題，另一方面學習資料收集、整理與撰寫摘要和製作PPT、口頭發表報告……等研究技巧。

　　說實話，高瞻的課程研發真的非常辛苦，我們要參與工作坊研習、繳交不同階段的功課、要做課程設計，還要一再地發表、指導與修正，最後還要做課程實驗與撰寫成果報告，事後想想還真的做了一些事，當然自己也受惠很多。

4. 切中需求，師生雙贏：嗯！我覺得好玩了！

就像我一開始說的，在麗山文組的老師與學生都屬於少數，研方與專題提供的課程也是以數理為主，科展等校外的競賽更是理組師生的天下，看著文組學生的失望與失落，心裡實在很捨不得。而當學校在規劃發展課程模組時，團隊中我是唯一的社會科老師，有一種使命感叫我不可以落跑。

　　除了老師的努力外，學生也很爭氣，他們的成果在校內宣導並推廣，並參加校際比賽獲得肯定與榮譽；在期末的研究方法學習成果發表會上，文組的研究報告更獲得了全年級師生票選第一名的佳績，學生的自信心大增。這個獎對麗山文組的學生深具意義，有一種揚眉吐氣的激勵效果。參加高瞻，有苦有樂。我覺得好玩。

（三）當高瞻遇見PLC

理念上大家都知道教師專業的學習與成長很重要，也很有價值，但是為什麼教師專業社群不是那麼容易就能發展起來？在麗山經驗裡，我看到校外整體教育生態改變的拉力，也看到校內建立制度的推力，但我認為影響教師專業社群發展的關鍵靈魂人物還是——教師。

1. 抗拒——WHY ME？為什麼是我？我為什麼要參加？這是教師普遍會有的第一個反應。

　　我為什麼要做額外的事？我自己的經驗是：賦予參加的意義，就像

我前面說的，有一種使命感讓我選擇加入，我想讓麗山文組的老師與學生有露臉與發揮的機會。

2.害怕——我能不能負荷？有沒有人幫我？這是接下來老師會有的擔憂。

　　新的事物超出老師既有的經驗，有沒有資源的幫助會是影響他下一步的關鍵。在麗山，因為有行政團隊的全力支持，讓我沒有拒絕與推諉的藉口。

3. 觀望——我這麼辛苦，可以得到些什麼？

　　在高瞻專案的支持下，有經費的資助，提供了物質層面的滿足（像是研究費、餐點……），但是更重要還有：學生熱情的回應、教學論壇發表的平台，還有校外競賽的肯定與掌聲……，這些都是讓我不再心存觀望，最重要的精神回饋。

4.認同——在使命感的驅策、同仁熱情的召喚、與行政團隊的全力支援下，最後我選擇加入，並相信這樣的努力是值得付出的。

　　我發現計畫主持人永發老師很厲害，階段性的誘導，一路帶著我們堅持到最後；但是其實老師也不笨，發現情勢不對時，怎麼沒有落跑？我想應該是高瞻提供的機會，跟個人的需求不謀而合吧！

　　凡事都是有可能的！為什麼呢？

　　記得在專案結束前，我們拍攝了一支成果的影片，攝影的工作人員要我用一句話形容我參與高瞻的感想，我記得當時我脫口而出的就是——凡事都是有可能的！

　　因為有了參與高瞻跨科學習交流的機會，我體會到了：

❖原來凡事都是有可能的，跨科的交流可以消除歧見、避免誤解。

❖原來自然科學與社會學科不一定只能分庭抗禮，二者其實深具合

作的空間。

❖原來一件事情可以有截然不同的解讀，多聽跨領域老師的分享，可大幅開拓自己的視野。

❖原來嘗試與突破是可以如此振奮人心啊！

❖學生認真投入的優秀表現讓我相當感動，

❖站在講台上的我們　從學生的眼神中得到莫大的鼓舞與支持，

❖只要能激勵他們的學習熱情，再辛苦也都值得！

❖只要能觸動學生學習的動力，不分自然科或社會科都是叫好也叫座的！

就如課程設計中有引導學生有效學習的概念——建立態度、培養熱情、實踐力行一般，在高瞻計畫中，我自己也從中印證了此一概念。有了態度與熱情，才有身體力行的動力，就像馬斯洛的理論指出：人有歸屬、被尊重與自我實現的需求。我不只覺得好玩而已了，這一次，我找到了社會科教師的成就與自信！

5. **內心真情**——在思考教師專業學習社群的發展時，我也同樣認可這三階段的發展歷程：**建立態度——培養熱情——實踐力行**。

多年來，我經常告訴學生「態度最重要！」你用什麼態度面對問題，將會決定你最後的結果，而觀念更是決定態度的關鍵！觀念一改，態度也就跟著轉變。即便我現在仍然身處理組與文組8：2的麗山校園，我不再只有抱怨與憤怒。

凡事都是有可能的，有努力才有改變的可能！

因為，有衝突才有改變的契機、同樣地，文理科也有合作的空間！

回首這幾年的歷程，很慶幸自己是麗山高瞻團隊的一員，能有機會參與、學習與成長！

回首來時路：社群的省思與建議

一、省思：信念的改變與鞏固

（一）課程改革是可以由下而上的

雖然麗山課程不全然是由下而上的教師社群發展組織，但可證實高中校園行政與教師的合作得以建構出屬於自己的校本課程，而這個關鍵在於是否能建構可以共同學習、分享與合作的教師專業學習社群。

（二）跨科合作能激發教學思維之提升

跨科教師從不同領域背景出發，探討相同的議題，由於見解不同，參與教師從異中求同轉化到同中求異，從他科觀點回溯本科的教學思維脈絡，促使教師重新檢視與建構教學信念。

（三）教師是課程發展的關鍵，需要有系統有步驟地改變，促使教師專業獲得提升

校園的課程發展需要有一群願意投入的教師團隊，而如何提升教師的參與動機是重要的前提。以往由行政發動，由上而下所組成的教師社群，主要以任務導向和產出為主要目標，容易忽略教師專業成長的需求。若以歷程為導向，比較能夠有系統、有步驟地改變，促使教師專業成長。「如何透過計畫提升教師專業成長，創造雙贏？」這是任何教育行政主管必須深思的一個課題。

（四）培養學校中間領導或分散式領導是校務推動的一大助力

由行政所推動的計畫，因其由上而下的推動模式，較無法激發教師參與動機，而成為兼任行政職的教師工作壓力之一。學校若能培養校園中間領導教師，讓由上而下的關係得以轉換、壓力關係獲得緩衝，甚至培養不同教師社群形成分散式的領導，如此對教育行政的校務推動會是一大助力。

（五）教師合作文化與教師關懷文化應並行發展

教師合作文化是推展校務非常重要的力量，但如何凝聚教師形成一個專業學習社群？可能需先建立教師之間的關懷文化，才易於凝聚教師社群，使其行之久遠。

二、建議

高瞻計畫讓麗山有機會學習組織一個教師專業學習社群，親身經歷形塑的歷程與關鍵的變化，最後麗山根據經驗提出若干觀察與反思：

（一）教師專業學習社群需要一個系統性的成長課程

提供教師一個有助於專業提升的環境，是教師社群得以存在和發展的重要關鍵。在有系統的成長課程中，教師可透過讀書會的閱讀分享以瞭解差異、預見不足；再者，引進資源，請專家進場指導，使老師們能夠吸收專業並彌補實務經驗的不足。

（二）教師專業學習社群需要一個安全的分享平台

大部分教師往往都抱持客氣謙虛或者被動的態度，所以在社群形成初期，願意帶頭的教師不多，造成分享和討論的氣氛出不來。為能讓大家樂於參與社群的討論與分享，除了培養同儕夥伴的良好合作關係之外，

建立一個安全的分享平台與機制是重要的關鍵。

在進行教材審查的機制上，透過團體分享取代同儕的審查，鼓勵代替批判，畢竟人需要舞台，希望獲得支持與肯定；在分享歷程中，校長、主任不斷給予支持與肯定，甚至給予專業引導，更促使教師成長。

此外，專家進場協助教材審查，相較於同儕審查更具客觀性；同時盡量讓審查個別化，營造一個安全的合作環境以排除壓力，期待獲得同儕之間彼此的信任感以建立夥伴關係。

最後，「合理工作量的管控」是促使教師願意參與必須考量的，所以主持人在規劃計畫與工作期程時，必須理解教師的工作負荷與實際需求。主持人往往必須先帶頭蒐集資料、擬定各項工作計畫、先行發展表單，經討論取得共識後使用，讓計畫執行容易依循。另外，在形成任何新想法的時候，應盡量先取得教師的共識，之後再向上溝通，以弱化由上而下的壓力。

（三）教師專業學習社群關鍵的內外部支援

在團隊中，麗山有位具有前瞻性、專業領導的校長，議事組織清晰又有效率，且親力親為，每場聚會必然到場參與討論，引導行政與教師以高層次的眼光來思考議題。校長除了不吝給予建議、樂於支持，並隨時給予鼓勵與肯定之外，在課程發展上頗為專業也獨具慧眼，是教師社群能夠逐漸上軌道的一個重要關鍵力量。另外教務主任及教學組長也能夠全力提供行政支援、排除萬難空出週二下午不排課，並且參與研究，全力配合教師專業與課程發展，而且默默的承擔教師不太願意做的計畫相關繁雜事務。

同時，子計畫一的成員有原先數理老師到後來加入社會科，在跨科

167

的情況下，主持人及共同主持人都是維持橫向聯繫的重要支持力量。當然，最重要的是每一位夥伴「願意分享、幽默與不服輸」的特質，是讓社群發展得以開展的最重要因素，並建立起信任與合作的氛圍，帶動大家一起學習、一起領導。

此外，國科會高瞻計畫的參與學校可聘請一位專任的研究助理，其主要工作是行政性的事務支援與聯絡、資料記錄與整理等。高瞻助理包辦了大大小小的工作，甚至可以參與研究。因為有助理幫忙處理繁瑣的行政事務，讓教師能更著眼於課程的開發與創新。

（四）教師專業學習社群需要融入一個關懷的文化

教師除了因為計畫而產生的合作關係外，也應透過非正式的方式瞭解彼此，譬如透過生活的關懷、偶爾的聚餐來瞭解彼此的教學工作與生活點滴。建立合作文化的同時，也應孕育關懷文化，滋養信任與默契，使專業學習社群真正建立在夥伴的關係上。

結語

從校本課程到高瞻計畫，麗山團隊歷經課程規劃、教材研發、評量設計到進行教學實驗與研究的歷程。麗山團隊不斷地回顧，不斷地修正，這種循環過程不僅帶動教師成長，也是獲得專業認同和滿足感的重要來源。99學年度（高瞻計畫結束後的一學年間），子計畫一的專業學習社群以「民間團體」的草根力量持續跨領域對話、讀書與分享，100學年度國科會高瞻計畫重新啟動，在既有成員基礎上，又加入了國文和英文領域的教師。過去的歷程讓團隊成員深深感受到「教師合作的心靈契約應建立在真誠的關懷上」，麗山期許以社群的力量將科學教育真正建

立在「人文關懷」的根基上，讓校園中的教師專業學習社群得以永續經營，良性的校園合作文化賴以深耕。

從璞玉變為寶石的故事
——苗栗農工的高瞻計畫學習社群

　　一般社區型傳統高職往往因為社會大眾觀念而被定型，學生並不被期待在校際學科競賽中有突出表現。然而學校印象與文化如何有所突破？被視為較不會念書之學生是否真的不具備探究之潛力？苗栗農工的老師如何找出關鍵方法協助學生發展自我潛能？哪些條件和資源需要結合，才能促成課程、教學和學生學習的創新和積累？哪些困難需要克服，才能帶動社群學習和動能的轉進？苗栗農工老師的不懈努力，改寫了學校的歷史，也讓學習的不可能成為了可能。

※作者群
林孟郁　老師
鍾武龍　老師

苗栗農工高瞻計畫社群成員
江新鋒老師
陳志魁老師
林唯穎老師
羅維真老師
劉碧雲老師
謝文斌老師
林孟郁老師
莫素娟老師
唐黛羚老師
林俊德老師
陳穎儀老師
鍾武龍老師

　　五年前，苗栗農工還只是一所傳統的社區型高職。然而，在2007年底，學校有著一群年紀不到40歲的熱血教師們，執行國科會的「高瞻計畫」後，讓默默歷經60餘年歲月的苗栗農工一舉蛻變成名。他們所創新擘畫的新興科技領域──「生質能源」課程，融合理論與實務，頓時成為國內「生質能源」課程的典範；苗栗農工亦成為全國高瞻計畫的「亮點學校」。就在2010年7月，國科會科教處辦理計畫執行成果評鑑競賽中，從全國28所執行學校裡脫穎而出，唯一囊括最高榮譽的「評審團獎」、「特色獎」、「創新獎」、「課程評鑑」4項大獎，也讓苗栗農工成為「高瞻」這座皇冠上最閃耀的一顆寶石。

話說從頭──高瞻計畫播下希望的種子

　　一所在客家庄已經有68年歷史的傳統農工職業學校，在臺灣這塊教育領域中，就像農夫守著僅有的田地，日復一日，年復一年的默默耕耘著。「究竟還能有什麼改變與突破呢？」這個問題在學校內似乎也沒有人認真去思索。

　　偶然在一次校外研習的回程車上，教務處江新鋒主任索性提了一句：「我們是一所標榜『重科技、有人文、尚倫理』的學校，但是似乎無法突顯本校在『重科技』方面的辦學特色？」這句話像似一顆種子深深的埋在當時正兼任實驗研究組組長孟郁的心裡。

　　當孟郁得知國科會正在推動高中職「高瞻計畫」，此計畫的目的是希望推展學校教師研發創新課程以改進教學現況，引發高中生對科技的好奇心和興趣，並培養高中生能主動探索新興科技發展過程，進而提昇全國高中職科學與科技教育的品質。這一顆蘊藏在孟郁心中的種子有

如久旱逢甘霖，準備破土而出。於是，他開始號召一群志同道合的老師們，決定邁步躍進。雖然大家心中仍然有些忐忑，但是——「做，就對了！」這一股改革創新的力量，就此靠著這一群年輕教師在這一所傳統的農工學校中慢慢傳遞開來。

掌舵啟航——社群運作與經營的成功要素

一、計畫主題結合學校特性

　　苗栗農工擁有12個科別，6種類群，200餘位教職員工。在這個龐大的組織結構體中，要如何統籌學校最大的優勢來做整合計畫，確實不太容易。在初期著手訂定整合計畫主題時，必須考量到學校特質、師資人力與設備資源，如此在計畫執行上才會較具可行性，達成預期的目標與效益；再者，課程規劃上又需與新興科技作結合。因此，計畫團隊本著學校特質及計畫目標的考量下，經過幾番修正，最後決定將主題鎖定在「生質能源」領域，不僅相當符合能源科技趨勢，更兼顧學校的硬體設備和人力資源。

　　當孟郁組長正式接到國科會高瞻計畫的徵求書時，即以非正式的方式徵求學校老師們的意見，所徵詢的老師皆表示「有意願」，並且抱著「願意接受挑戰」的同時，更獲得校長及教務主任在行政層級的支持。然而在當時國內並沒有這樣的課程發展計畫下，這對苗栗農工的老師而言是一個全新的嘗試與挑戰。當然，主題確定後，有了更明確的目標，接著就是掌起舵，勇往直前。

（一）結合各科師資人力與設備資源，共同研發「生質能源課程」

由於科系類別及人力資源眾多，主題確定聚焦在「生質能源」課程之

後，各科便依照計畫研究所需之人力與資源進行支援。例如：農業類群中的「畜產保健科」可提供有關「動物及微生物資源生質能系統」建置及課程發展與教學實驗研究之專業技術；「森林科」之生態保育專業與「園藝科」及「農場經營科」可做為植物性生質能永續發展概念與能源作物之基礎研究，提供具體之經驗與技術。「食品加工科」之微生物專業技術可提供「生質酒精」教學示範實驗操作系統之建置；「化工科」於生物化學技術專業亦可提供「生質柴油」相關設備及教學示範操作流程之建置；「家政科」、「機械科」、「電機科」、「冷凍空調科」以及「板金科」可為各種教學示範試驗提供廣泛之應用面向。

匯集校內各方相關專業師資後，依學校現有設備即可提供相當程度之研究支援，這樣的先天資源為將要執行「高瞻計畫」奠定了良好的基礎，也是一般高中或單純之高農、高工學校所無法比擬的。

（二）利用新興科技議題，啟發學生多元思考與批判能力

雖然有了開發「生質能源課程」的目標，在教具研發上，對職業學校教師而言也有相對的優勢，照理說應該可以專注的去發展，不過新興科技領域課程並非是學校教師原已熟悉之領域，難免讓計畫團隊成員感到有些遲疑；但是，若發展「生質能源」，在人文情意面上，可以做很好的教學發揮，例如：在能源種類選用、能源作物與糧食競爭、生態平衡等議題，都可以使學生培養多元、不同角度和批判性思考的能力。所以參與計畫的老師們願意接受挑戰，除了研發「生質能源」課程之外，更希望改變目前既有的教學現況，藉此計畫讓這群PR值50左右的學生體驗何謂「探究式」教學，讓他們能具備多元思考與解決問題的能力，這對苗栗農工的教師和學生而言，都是一項全新的嘗試和挑戰。

從心學習
——聽專業學習社群老師說故事

二、高度整合校內人力資源

（一）跨科別的彈性任務編組，創造團隊合作的優勢效果

計畫團隊以「生物質能新興科技課程發展與教學實驗計畫」為主題提出申請，結合有關生質能新興科技課程發展與教學活動實驗課程，此整合型計畫包含：

	計畫主題	課程單元／主要任務
子計畫一	植物資源生質能系統建置及課程發展與教學實驗研究	生質柴油 生質酒精
子計畫二	動物及微生物資源生質能系統建置及課程發展與教學實驗研究	畜產廢棄物產沼氣 微生物產氫生質 燃料電池
子計畫三	生質能源科技課程與教學評鑑實驗研究	輔導課程發展及課程評鑑

　　計畫團隊結合了校內各科教師與資源設備，並成立跨科、跨領域資源共享的平台。研究團隊成員主要橫跨「植物」與「動物」兩大自然科學領域，但為更豐富「生質能源」課程，於是再尋求工業類群教師，如電機、冷凍空調和化工科教師共同合作；在教師及課程評鑑部份，除了尋找與教育專業背景相關及共同科目之教師一起合作，進而試圖將跨科別領域之教師串聯起來，這樣的夥伴關係，針對本身所負責的計畫執行業務與激發教學思維的提昇有很大的助益。

（二）校長完全授權，計畫主持人高度自主，教師充分發揮並運作

在社群形塑初始階段，行政體系樂觀期盼教師能自發性積極籌組計畫團隊，因此在計畫成員徵詢與組成階段，毫無行政階層介入，計畫主持教

師被賦予相當高的自主權，使得在通過國科會委員的審查後，苗栗農工教師為此發展新興科技課程而建立的專業學習社群，得以在「培育未來科技人才」的目標下，透過科學課程改革以「提升科學素養」的學習氛圍中正式展開為期三年的運作。

　　執行一個大型的研究計畫，所要動用的人力勢必相當可觀，而在學校中若要從行政體系中協調出部份的人員來執行研究型計畫，必定會影響例行性的業務和計畫執行成效；因此，以計畫成員結構來看：皆由教師們自發性籌組團隊，而不是由校長或主任指派任務，由下而上又兼具水平式組織的靈活性，超脫學校傳統組織的窠臼，也活化了行政體系效能。這樣的結構影響著學校生態後續的實踐系統與文化發展，學校體制文化已經產生微妙的化學變化，使得計畫執行共識與信念很快的被建立起來，一股寧靜無形的變革，由下而上的力量正在苗栗農工悄悄蘊育蔓延開來。

（三）行政體系的充分支援與服務

對教師們的增權賦能與否，是執行計畫過程中能否順利達成任務的重要條件之一。計畫初期，校長對於團隊的運作給予充分的授權與高度支持，將權力下放以利教師參與決策，讓教師可以完全發揮和運作。

　　行政體系是帶領學校整個教學品質提升的火車頭，在校長完全的「增權賦能」下，學校的行政亦提供高瞻團隊充分的支援與服務，例如：教務處在課務安排教師們的共同時間，給予在研究上極大的協助；會計室和總務處也在經費執行和物品採購招標上提供許多服務與幫忙。如此一來，本社群成員在完全授權和支持的情況下，開始展開本計畫最重要的課程發展任務。

三、充沛的外部資源——產官學的跨界合作

　　一開始並不是所有計畫團隊教師都能瞭解此新興議題的內涵為何，更不知道該如何將生物質能的專業「知識」轉化為「課程」？面對自己所要開發新興科技課程上專業知能的不足，成員們於是開始依個人備課經驗，從蒐集資料開始，針對專業知能的領域透過人脈與網路上的資源，諮詢生質能源領域學有專精的專家學者。

　　總計畫共同主持人除了本校校長之外，還在課程發展上邀請聯合大學李隆盛校長擔任共同主持人。其他三個子計畫亦邀請相關專家學者協助課程的開發：

	邀請之專家學者	課程單元
子計畫一	●工研院能資所—盧文章主任 ●臺灣新日化股份有限公司—李唐主任研究員	生質柴油 生質酒精
子計畫二	●成功大學化工系教授—張嘉修教授 ●虎尾科技大學材料科學與綠色能源工程研究所—余介文教授 ●臺灣動物科技研究所組長—蘇忠槙博士	畜產廢棄物產沼氣 微生物產氫 生質燃料電池
子計畫三	計畫主持人： ●交通大學生化所所長—曾慶平教授 課程教學與評鑑： ●交通大學教育研究所—王嘉瑜教授 ●臺灣師範大學工業教育系—徐昊杲教授	協助課程 教學評鑑工作

　　專家諮詢是本計畫專業能力發展最重要的關鍵，由於這些專家學者們的鼎力相助，給予計畫團隊更大的信心與正確方向。計畫團隊能夠順利發展課程、開發教具，這群專家在幕後的支持與指導實是功不可沒。

四、共同信念維繫團隊熱度

計畫初期階段,大家在教材及教具設計上未能有一個明確的教學目標,所以教師在專業知能的發展上顯得非常紊亂沒有系統,此時團隊成員必須有人站出來領導整合教師們的想法,並透過會議對話凝聚彼此的教學共識,才能使團體課程開發目標不至於失焦。此外,亦需要老師主動召集大家召開讀書會,釐清學生需求、課程目的及教學目標等觀念。

討論和分享已經成為該團隊一種互動專業學習成長模式,成員也非常喜歡這樣的方式,故經常會透過許多正式與非正式的會議不斷來釐清與討論課程設計的宗旨與目標,讓課程發展愈來愈進入軌道。

五、以創新課程為核心概念

除了課程研發或研習場合的講授之外,成員們還要融入創新的教學方法。為了達成教學創新的目標,一開始計畫成員的共識便將教學策略聚焦在「探究式教學」,因此課程設計上刪減冗長的講述教學部分,強調著重引導學生設計實驗流程及提問、表達的機會。

在總計畫會議中,夥伴們討論有關創新課程的意義為何?點出了苗栗農工高瞻創造課程的核心概念:「我們並非要研發前瞻艱深的高科技實驗設備,真正的重點是要將科技領域新興知識轉化成課程,再融入創新教學方法,以前別人沒把這些元素整合成課程,而我們完成了,這就是創新」!

師生風景──高瞻實驗班教學活動設計

一、創新教學──以學生為中心的「探究式教學法」

　　探究式教學在實施過程中，得先讓學生觀察情境，發現問題，再引發學生討論，透過形成假設、設計研究、進行實驗，再整合實驗成果，形成結論，最後撰寫報告並且上台分享經驗。對一群理化與生物先備知識不算熟練的學生而言，這是一段辛苦的學習過程；而要他們完成這些步驟，引導上難免會遇到許多挫折。計畫教師們試圖要讓「探究式教學」在苗栗農工落地生根，進而開花結果，期望藉由相關知識的瞭解與應用，引導學生接觸新興科技，激發實做的創意，讓學生沐浴在一場場精彩的探究過程中，而「探究式教學」策略也成為本計畫全體成員共同的教學信念。

二、教學觀察──以社群同儕的教學觀察回饋進行課程修正

　　一套再好的教材教法總有它的盲點，為了讓課程和教學更精進，評鑑是重要的手段之一。教學觀察是課程評鑑一種很好的方式，許多夥伴也深表贊同。本社群進行教學評鑑的過程為：建立信任→觀察→錄影→回饋；成員們經由這樣的歷程，都得到了成長與進步，也達到「教學反思與創新」之目的。

　　計畫在執行過程中，最特別是課程評鑑成員的部份。由大學教授及校內非開發課程教師們共同來進行，建立在一個相互信賴的平台上做最真實的觀察和回饋。課室觀察的校內老師將所蒐集到的課程與教學資料送至交通大學曾慶平與王嘉瑜教授做審查後再修正，這樣的結合備受高瞻訪視委員肯定，認為這樣創新的組合，必定會激盪出更燦爛的火花！

三、教學反思——從「教學為主體」轉變為「學習成效導向」的教學模式

經由「高瞻計畫」的實施，不只計畫團隊成員在教學方法與學生的學習模式上出現了一些轉變，也進一步影響學校其他的教師，他們開始試著去反思與改進自己的教材與教法，不同於以往強調課程進度的教學方式，轉變成以提昇學生學習動機與成效為目標，訂定「學生才是學習主角」的教學策略。

無疑的，探究式教學策略為老師們在上課過程中帶來非常大的改變及突破，那是一種無形的影響。教學的時候，不再像以往拼命趕課，而是把時間做些調整，讓孩子們多去發表，或者讓孩子們多去思考、探索，同時也發展出許多學習活動，包括各課程單元的學習活動設計、辦理各項學習競賽和學習護照，以及教導學生製做學習檔案等，為的就是要讓學生能夠更容易進入「探究式教學」的意涵中。

這股無形的力量一直在學校組織內流動著，從一個新興科技課程的規劃設計到教材、實驗設備教具的建置，還有透過「探究式教學」進行教學實驗也有別於傳統教授，到最後連課程評鑑都是紮紮實實教師專業成長的歷程。

（一）教師引導啟發，學生實做發想

每一個實驗，教師們雖然都有一個預期教學目標，但學生可以設計自己想要的實驗流程，老師只是框架式的設定引導。因此，實驗可以經由學生的創意發想出許多無限的可能。例如：學生用顛覆傳統的桐花種子、果皮、地瓜等，親手做出能讓電動車行進的生質酒精與柴油；有女同學們每天一早就去豬場挖豬糞和污泥，嘗試利用找到的細菌製做出氫氣來

驅動燃料電池。在沒有標準實驗的步驟中，她們還突發奇想，用同樣豬糞基質同時發酵產生氫氣和沼氣，一路從國內科展競賽到臺灣國際科展，在眾多明星高中環伺下脫穎而出，獲得環境科學組二等獎，更創下職業學校參賽獲獎紀錄。這些都是讓學生親自去發現問題，自行設計實驗步驟，藉由實驗記錄與作業報告，完整呈現學習歷程的最佳範例。

（二）設計各類競賽，提供發表舞臺

為了激發學生學習動機和意願，老師們設計學習護照，讓每個參加高瞻專班的學生人手一本，採用「點數採計認證」，學生只要是參加「高瞻計畫」活動都可採計點數，讓學生記錄自己每一次的學習，其中包括省思和回饋，學生都可以拿著這本護照來進行交流，甚至做良性的競賽，讓學習更有動力。

另外，對於苗栗農工的學生而言，「科普寫作」是一個極度陌生的名詞，更何況要他們自己動手寫。所以剛開始，我們邀請國立交通大學生化所曾慶平教授及博士班研究群，親臨本校實際帶領學生進行「小論文暨科普寫作」，藉此帶動學生研究的能力與風氣，讓學生重新統整科學知識，透過生動的文筆，激發想像力與創造力，進而提昇觀察，體驗、記錄自然的敏銳度，並將人文融入生質能源科技之中。最後在學期末辦理校內「尋找下一個達文西」小論文發表活動，甄選出優勝的組別加以表揚以激勵學生。在這幾年的耕耘之下，「尋找下一位達文西」已經是苗栗農工蔚為風潮的一項競賽。每期約有近百件作品的投稿量，競爭十分激烈，擇優作品獲得推薦參加「全國中學生小論文競賽」，得獎件數更是傲視全國。

而針對進行實做專題的學生，在他們辛苦完成實驗寫成報告後，將

舉辦全校性的專題發表會，讓完成實驗的學生，向全校師生報告其研究成果，並接受大家提問，以訓練學生思考邏輯與口語表達能力，使科學教育的種子藉由這群生質能源小尖兵推廣至全校。「專題發表會」在苗栗農工也是一項創舉，學生在全校二千名師生面前，能侃侃而談自己的實驗成果，十分難得。我們甚至歡迎上台報告學生能夠邀請自己的家長來參與他們的成果發表，將這份驕傲和喜悅與自己的家人分享。藉由如此公開形式的成果分享，對學生而言，更為學習成長邁出了人生的一大步。

（三）檢視學習成果，製作學習檔案

為了瞭解學生之學習歷程，特別委請子計畫三的老師來指導學生製作學習檔案與資料蒐集，並舉辦學習檔案製作說明會，向同學說明學習檔案紀錄的評量方式，學習檔案的多元報告形式與技巧，也搭配輔導室辦理「學習檔案製作比賽」，讓成效更為顯著。就教師而言，可透過這些學習檔案的檢閱，全面瞭解學生的學習狀況，並做為個別學習輔導、親師溝通或學年成績通知之用；就學生而言，可使學生由建構檔案的過程中自我管控、激勵、交互切磋、有益於良好學習態度的養成外，並可獲得有效的學習策略。

專業成長——實驗教具模組發展歷程

從高瞻計畫三年的執行中，發現實施「探究式教學」之前要先發展出教具才能提供學生實驗操作，但如同開發課程時所遇到的困難一樣，教師成員對所選定生質能源課程研發主題都只知道其相關背景，然而計畫中所要開發的課程範疇卻是傳統課綱所沒有的，無從遵循前人的經

驗，因此老師要同時肩負起教學與研究工作，壓力與負擔之沈重可想而知。

　　為呼應國科會高瞻計畫之宗旨，課程研發需符合「新興科技」與「主動探究」二大主軸，教師應具備研發實驗操作教具的技能，教具之設計須具備操作變因多元化，且要讓學生在操作上擁有更高的自主性，才能符合科學探究的精神，此外還要兼顧實驗需求和製作成本低廉以利推廣之原則，因此，本計畫教師在課程發展上首先選擇以「教具開發」為起點。而本計畫的實驗教具模組經由「同化」、「外化」、及「結合」、「內化」歸納出四個知識發展的歷程，成功研發出五套不同的模組教具。

一、同化

　　因為是新興科技課程，成員們的專業背景顯然無法應付所要發展的課程主題。一開始時，成員們還處於懵懵懂懂的摸索期，各自尋求專家學者諮詢得到教材相關資源後，便「依樣畫葫蘆」模仿各個專家的設備，再將整個實驗器材進行「轉移」，製造出與他們相似的實驗器材。在此一階段，成員們對專家諮詢所提供相關知識和技能僅止於研究室進行實驗的器材製作，並非「教具設計」的技能。但是如果僅僅只是停留在「模仿」或「仿製」是不夠的，所以成員及團隊針對在新興科技（生質能源）領域專業知能上的不足，辦理各種專業成長研習，以增加觀察和操作練習的機會，並擴大專家學者參與，以提升交流請益之目的。

二、外化

　　專家學者製作的實驗設備器材，因未考慮教學目的，且造價昂貴、

體積龐大，因此老師在第一次的教學實驗中，使用了「模仿」來的設備時便遇到了瓶頸，因為不符合學校實驗室使用情況，也無法在未來進行教學時推廣，所以該如何把它修正簡化到符合學校實驗室規模，並將一套教具的成本壓在新臺幣5萬元之內以利推廣，是大家以團隊的力量，經過不斷諮詢且集思廣益，最後才得以圓滿達成使命。

在外化的知識轉移中，課程開發教師經由自己蒐集相關文獻、備課經驗和親自試驗的結果，與專家學者進一步討論研議後，自己更清楚這套教具研發的意義、目的與功能，最後甚至能提出新的概念以資修改。這是很有趣的過程，知識在這階段起了微妙的變化，團隊夥伴們談到這一段經驗時都有共同的感受，認為自己的專業技能開始成長了。

三、結合化

結合化是四個知識轉移步驟中，將個人知識融入至團隊中最重要的一個歷程。教師會樂於在會議中或非正式場合分享彼此設計教具的技巧與過程，發起讀書會，選擇適當的教材，轉換成一種新思維或新方法來修改課程目標，以符合學生的學習起點與需求。

在專業上，一開始先尋求各界的專家諮詢，但是到了最後，團隊所面臨到的問題其實都是由計畫夥伴自己解決完成的。因為課程設計可以是基礎的，也可以是應用延伸的，進階的部分就變成團隊成員進行內討論，甚至與廠商一起研究，最後發展出一套又一套價錢低廉且適合推廣的教具。

四、內化

在團隊成員不斷的互動討論與集體組織學習，實驗教具經由教學實

驗修正後,已內化成為教師在設計教具時內隱成為計畫團隊中獨特的知識資產。團隊夥伴們已經可以將之前「模仿」而來的教學設備移轉成專屬於自己的教學設備。例如在上課或做科展時,因教具頻繁的使用,較易顯示出其優缺點,教師們就會本著「精益求精」的企圖心,不斷加以革新,因而有些老師的教具三年就改了三套版本。最後成員們除了將教具內化成屬於自己的設計之外,更樂於與其他同仁分享,讓另一社群的夥伴也能開始啟動知識螺旋的學習模式,使「教師專業成長」得以永續發展。

總結而言,經由高瞻計畫團隊在創新知識互動分享的歷程中,苗栗農工在教具設計開發上已成功實踐了知識的轉換歷程,而五套模組教具經歸納後具有以下五點特色及效益:

(一)各實驗模組設備造價低廉,一套約5萬元,具有推廣經濟效益。

(二)實驗流程可於常溫常壓下進行,對實驗室的環境條件要求不高,適合推廣至高中職教師教學示範,培養學生科學探索精神。

(三)各實驗模組在操作時無需精密儀器配合,設備組裝及操作簡單,安全性高,適合高中職學生專題製作與科學展覽研究,可幫助學生建構科學實驗設計的完整思路。

(四)實驗模組基質來源取自週遭環境(如水溝污泥、果皮、廚餘……等),實驗可行性高,具有資源回收再利用教育意義。

(五)課程單元內容非常適合推廣到各高中職,進行引導式的科學探究實驗活動。

續航遠颺──高瞻社群經驗的成果與影響

回顧計畫執行三年期間，團隊經歷了探索→規劃→研發期以及磨合→實踐→發展期等階段，所呈現出來的效益超乎「高瞻計畫」團隊成員的想像，讓團隊教師對「探究式教學」也有了更進一步的體認，運用在學生學習上更是展現令人驚奇的成果。

整個團隊成員有共同的目標，共同去實踐，將「創新」和「科技」互相融合發展出的課程，在教學生涯中因「探究式教學」注入了新生命，其所獲得的效益更是令人驚嘆！

一、全方位提升教師專業能力：課程規劃、教材編製、教具開發及教學

（一）跨科別交流──打破教師在傳統校園體制中的孤島文化

在一般傳統校園體制中老師們都是單打獨鬥面對教材與學生，從沒有協同教學經驗，但執行「高瞻計畫」後，為了完成預期的目標，校內教師開始有交流和互動，甚至在計畫末期，教師們在彼此的教學上和指導學生競賽方面，進行跨科別的合作與交流，打破科別限制，讓資源得以流通共享，例如設備、技術、甚至不同科別的學生也可以一起進行研究，在沒有執行「高瞻計畫」前，這些跨科別的合作是未曾發生過的。

（二）專業知能提升──建立社群，結合校內、外資源增進教學知能

開發一套全新的課程，從無到有非常不容易，更何況是要完成沒有課綱、沒有設備、沒有人做過的「新興科技」，這算得上是一個「不可能的任務」。教師專業學習社群的建構是發展學校本位課程得以推動之重

要條件，開發新興科技課程能否成功的重要關鍵在於教師們能否習得該領域知識與實驗技術，而教師主動和專業需求明確化正是教師專業發展資源得以引入之重要關鍵，使教師在創新課程研發和教學活動上有正向的發展與支持。

團隊夥伴在經過教具設計後，會彼此分享設計過程中所遇到的一些困難並討論解決之道。透過緊密互動與規範持續不斷的知識循環，創新知識與訊息才得以擴展開來；透過社群之間的交流分享和校園內、外資源網絡系統的建立，再藉由各項讀書會、參加校內、外研習以及引入專家學者建議與諮詢，逐漸增進「生質能」教學知識與教具開發的能力，才使得苗栗農工高瞻學習社群教師對所開發設計出來的教材、教具品質更具信心。

（三）課程推廣指導——從「教師」轉化為「教師研究者」分享課程發
　　　展歷程

在引進校外專家的協助後，「生質能」的專業知識已經完備，教案和教具都已經發展成熟，社群成員本身能將「生質能」專業知能轉化成課程並進行演示，研發出新興的教育專業知識，進而以開發者的身份做課程推廣與分享。

本計畫除了將所開發的實驗課程和教具成果編撰成冊外，2008年還獲選經濟部能源局「生質能源教育示範學校」，期望能讓更多國人與學校看到本校的研究成果。成員們在全國各種研討會中進行分享，將生質能課程開發的歷程介紹給其他高中職教師，在推廣過程中，看到自己辛苦三年所建立起來的教具和教案獲得肯定和回響，計畫夥伴們也得到相當大的成就與滿足。教務主任充滿自信的說：「高瞻讓我們苗栗農工在

教學教育領域又再往前跨進一大步！我們已經在技術跟科學之間做課程的統合，希望能夠在這方面成為領頭羊做為示範。」

二、進行國際交流，擴大師生國際視野，提升科學研究的興趣

「出國比賽？」怎麼可能？要和都會明星學校的學生們一較長短……這是苗栗農工師生想都沒想過的問題！但是高瞻計畫的執行讓我們把不可能變成可能，學生從沒想到自己也能有一天站在國際的頒獎台上讓全世界看見「苗栗農工」，這是多麼難得又可貴的經驗。苗栗農工學生中不乏一些有潛力的孩子，只要給他們一個表現的舞台，他們一樣可以發光發熱！

「高瞻計畫」的確給了學生和教師們一個和國際交流接軌的機會，進而將計畫執行成果成功推上國際舞台。尤其難得是本校連續三年參加「台日科學教育交流研討會」，而且是大會中發表與分享執行經驗與成果中唯一受邀的職業學校，並且也和同行的夥伴學校們建立深厚的情誼，這些交流亦給予苗栗農工發展科技教育許多寶貴建議，更是我們繼續向前邁進的動力。

「他山之石可以攻錯」，2010年高瞻團隊受邀參訪澳門大學附屬應用學校、香港培正中學以及新加坡萊佛士書院、華僑中學和國立新加坡大學附屬數理中學進行科學教育考察；2011年學生參加亞洲青少年發明展，榮獲2金牌獎並獲總統馬英九先生召見；2011年參加臺灣國際科展榮獲環境科學組二等獎。

2011年高瞻教師赴澳洲南澳大學參加ASERA論文發表，並將計畫執行歷程撰寫成研究論文投稿至國內外期刊等，創下了苗栗農工最驕傲的紀錄。值得一提的是，這些學術成果並不是老師們的學位論文，都是大

夥純粹為了想要留下計畫執行成效的紀錄而已。

　　「站在巨人的肩膀上可以看得更高更遠」，高瞻經驗帶領著我們的師生看到了平常所看不見的景緻，透過國際交流活動，擴大了師生的國際視野，教師可以觀摩別的國家如何將科學融入教學，而學生則透過國際交流競賽，增加了科學興趣和科學知能，經由實際操作，看見的生質能源、新興科技不再遙不可及，反而變得更有感、更可親。「高瞻計畫」為苗栗農工師生打開了一扇窗，科學的世界也因此變得更不一樣。

三、「高瞻計畫」讓「天下」看見苗栗農工

　　「科學教育，決勝未來！」一顆種子的悄悄萌芽，因為一群呵護科學教育的園丁讓它在苗栗農工綻放出滿園的美麗花朵，用「探究式教學」的開創與深耕，燃起學生對科學的熱情。這樣的成果除了獲得國科會「高瞻計畫」委員們的肯定之外，最重要的是讓學校的組織、教師的生態文化、教材與設備，甚至到學生的學習成效產生了質與量改變。

　　這樣的成果也吸引了《天下雜誌》的關注，並在2010年度教育專刊中獲得報導。2010年9月記者來到苗栗農工，他們為這次訪問下了這樣的標題：「苗栗農工科學教育打敗明星高中，一舉獲得國科會高瞻計畫四大獎。四年前它還只是間普通職業學校，四年後，它的「生質能源」系列課程卻是全國最完整的模範。」這證明了我們在臺灣高職教育的里程碑，邁出了成功的第一步。

　　苗栗農工用實際的行動證明，只要有心就可以激發教師自我專業成長的潛能，可以跨領域、跨學科，甚至不斷的超越自我，展現出傲人的專業成長。最重要的是，由苗栗農工高瞻團隊印證，在科層體制明顯的傳統公立學校，課程改革是也可以由下而上，只要有心，絕對做得到！

高瞻風帆已經揚起，苗栗農工將蓄積更多的能量勇往直前，相信我們並不孤獨，未來必定會有更多的高瞻風帆陪伴我們繼續遠颺，一齊航向那塊充滿科學教育的福爾摩沙。

跨學科社群篇

心動的力量
——臺北市立中正高中軟橋團隊的成形

　　學校教育中除了正規課程之外，結合在地故事的教學往往更能激發學生興趣與潛力，然而對於教師來說，在平日課程進度之負擔、學科藩籬的限制下，如何顧及正課進度，又能開創多元學習題材？單一學科之限制是否反而促成跨科的專業合作？地方資源如何轉為有意義課程的？這些問題在教師專業學習社群中，均關乎志同道合教師的相遇、對話與協同合作。軟橋團隊的歷史、地理、國文、生物等老師，熱衷於地方故事的採擷，匯集成珍貴的軟橋文史資料，也讓軟橋課程成為本校無可取代的特色。

※作者群
王舒瑩　老師　　孫　細　老師　　許孝誠　老師
曾祥瑞　老師　　黃詣峰　老師

中正高中軟橋團隊　社群成員
孫　細老師
許孝誠老師
王舒瑩老師
黃詣峰老師
曾祥瑞老師

天降大任、斯人有心

軟橋，清代以來連接臺北、淡水兩地陸路必經之處，位置約在今天石牌橋附近，也是中正高中所在區域的舊稱。在鋼筋水泥橋出現前，居民以木板為材，因行走時會晃動而得名，所指稱範圍與今行政區劃「北投區建民里」大致相符。

民國六〇年代，中正高中經陽明山管理局之助，覓得石牌一帶新校地，徵收軟橋地區居民土地，營建新校舍、籌畫遷校事宜，自此和軟橋結下不解之緣。民國98年，由於北投士林科技園區動工在即，這個糾結三十多年的情愫躍上臺面。本校地理科孫細老師號召校內有志一同的夥伴，推行一個名為「軟橋影像文物保存計畫」的活動，軟橋的典故、回憶以及故事一一被喚起，透過地理實察、口述歷史、開發教案、協同教學等專業知識運用，要把中正高中建校這塊地和生活在其上的這些人連結到中正高中的教育現場裡。

老師們的初衷很單純，這是一個因都市開發而正在改變的地理景觀、生活樣貌，在這個當下，有些東西值得被保存下來，特別是由與自己密切相關的中正師生。因為未來十年內，校園四周將面臨前所未見的改觀，現在我們每個人都在寫歷史。

計畫相遇、團隊成形

97學年度開學初，孫細老師邀約許孝誠老師一起試試看跑田野，將因士林科技園區都市開發案而使學校周遭景觀大幅變遷的過程記錄下來，定調的主軸是挖掘過往歷史、文物和屬於這塊土地上的共同記憶。其次，則為利用科技的力量保存當下或正在改變的人文與地景地貌。

孫細老師曾以中正高中圍牆的狗洞、中正高中緊鄰的花市為題，指導學生參加奧林匹亞地理競賽。另曾糾集全科力量成立學術性社團「地熱谷社」，和大專院校（師大地理系為主）與其他學校地理老師交流熱絡，長期培養對地理、人文、公民議題研究有興趣的學生。而許孝誠老師於95、96兩學年度連續指導學生研究中正高中校史（小史家計畫），手邊蒐集不少有關學校發展的圖像與文字資料，曾發表於校刊《中正青年》。志同道合的兩個人碰在一起，由一個充滿能量、理想和規劃能力的前輩主動引導入門，另一位菜鳥夥伴憑著傻勁跟隨其後，展開了「軟橋計畫」。

97學年度是軟橋計畫開始的第一年，也是最瘋狂的一年，許孝誠老師幾乎一週泡三個半天在社區裡，主持人孫老師更是投入，連假日以及農曆春節也犧牲與家人團聚的時間。一年之後，稍稍有些成果，研究專刊已經出版、紀錄片大抵告一段落、文物保存也在學生大軍通力合作下大體達到初步目標。

98學年度開學，孫老師又發揮她超優異的感性、熱情和理念，找了生物科剛剛結束社區化專案的王舒瑩師、甫卸任教學組長職務的國文科曾祥瑞師，以及對學校有特殊情緣的校友國文科黃詣峰師加入團隊。

堅強的黃金陣容成形，朝著軟橋文史資料館及校本位特色課程研發終極目標前進。我們非常清楚，階段性任務必須一步一腳印達成。

以下兩個簡表描繪團隊成員樣貌及課務交集狀況。

軟橋團隊成員簡述：

成員	個人特質	共同特質
孫　細（地理）	Call人功夫一把罩、理念清晰、願意付出、善於和人搏感情、領導力強	不計較 互助合作 定期分享 產出能量強
許孝誠（歷史）	臺灣國語流利、異常理性且能和其他夥伴的感性調和、行政能力強	
王舒瑩（生物）	自然學科養成背景、肯衝肯拼、言詞犀利、喜愛帶領學生上山下海類型	
曾祥瑞（國文）	熱衷於教學、願意嘗試各種新事物、筆鋒常帶感情、文案的最佳潤稿人	
黃詣峰（國文）	中文日文通通行、能提供各式不同想法、以校友角度現身說法、不辭辛勞	

團隊課務交集狀況：

學年度	班級	備註
97	321美術班	孫細（導）、許孝誠、黃詣峰
98	無	
99	118環科班	孫細、王舒瑩
	314三類組班	曾祥瑞、王舒瑩
100	218環科班	王舒瑩（導）、曾祥瑞、孫細
	220英資班	曾祥瑞、孫細、王舒瑩

社群運作、夢想前進

　　三個臭皮匠勝過一個諸葛亮，何況我們是五人的教師專業團隊。從98年「軟橋文史影像保存計畫」開始，99年度續推「意義與追尋——軟橋教學資源的推廣與分享第一期」，99年底獲臺北市文化局主動邀請，至北投溫博館辦理「再多一眼凝望——軟橋文物典藏暨推廣特展」；100

年度推展「意義與追尋——軟橋教學資源的推廣與分享第二期」。軟橋團隊的師生只有一個堅持：因為我們的努力，城市的記憶有了延續，土地將會更美好！相信北投的地方史將記上這一筆。

　　社群運作技術方面，基於實際任務需要，我們固定每週五下午聚會，交換文化保存理念、上課教學心得、討論計畫執行細節（文宣、分工、經費、協調）、設計活動內容及研發協同教學教案。憑著熱忱及傻勁，自費購買餐點、飲料，常常在校園角落一待就是三小時。99學年度，許孝誠老師被校長延攬到行政團隊，擔任教務主任一職，沒有辦法繼續長時間和夥伴交流感情，但據他所言，軟橋團隊的定期聚會次數不下於主管級行政會報，討論議題深度和前瞻性不相上下，還多了點自在。

　　軟橋計畫所搭配的專案計畫及校內外資源如下：

學年度	項目（單位與計畫名稱）	經費
97	臺北市政府文化局「軟橋影像文物資料保存計畫」合作專案補助	30萬元（文化局20萬、其餘校內教科書專款）
97	臺北市優質學校評選競賽獎金	2萬元
98	臺北市高中職社區化特色發展型計畫「凱達格蘭藝術季」（第四期）	9萬7千元
98	中正高中家長會專款補助	2萬元
98	全國服務學習優等獎獎金	1萬元
99	建民里里民（軟橋）專案指定捐款	8萬元
99	臺北市政府文化局「軟橋文物典藏暨推廣特展」合作專案補助【北投溫泉博物館】	9萬7千元
99	教育部高中優質化子計畫「意義與追尋——軟橋教學資源中心」專案	36萬8千元
100	教育部高中優質化子計畫「意義與追尋——軟橋教學資源中心」專案	15萬9千元

規劃保存、城市記憶

回顧軟橋團隊運作歷史，大體可分作「影像文物資料保存」、「文物典藏暨回饋推廣」、「文化創意暨課程研發」三個階段，確切時間分期則沒辦法細究，因為基本上這些工作都同時並進，只有產出豐碩與否、辦理活動多寡區別。

第一階段，地理、歷史老師發揮本質學能，下田野、留紀錄、重新踩踏這片土地，以「參與」都市開發及「見證」景觀變遷的立場搶救社區文史記憶。有校內教科書專款、臺北市政府文化局專款的支持，號召學生力量一起加入，包括洛城小史家、地熱谷地理研究社、美術班、舞蹈班、英文資優班。由於拆遷在即，時間壓力刻不容緩，耆老座談、文物資料館（搶救文物大作戰）、美展畫作、舞展劇作、文史專輯（研究專書）、數位影像、紀錄片等一一出現。產能之大，全賴社區居民爭相走告，中正師生熱情參與見證。

藉由軟橋影像文物資料保存計畫，我們舉辦耆老座談會，透過口述歷史，找尋與紀錄生活與生產的回憶；發動搶救文物大作戰，動員中正高中師生搬運古農具、擦拭、編碼，暫時存藏於中正高中校園；籌辦「彩繪軟橋」活動，用畫筆紀錄軟橋的美；舉辦舞展——「軟橋史・奪・離」，舞蹈班同學用肢體傳達軟橋動人的故事；舉辦感恩餐會，在居民搬離前夕，感謝他們提供土地，讓中正高中順利建校；拍攝紀錄片——《軟橋故事》、《軟橋歲月》，動態記錄軟橋居民的真實生活；編寫《戀戀軟橋》文史專書，珍藏軟橋的文史影像記憶；舉辦「再憶軟橋」活動，邀請軟橋居民回中正作客，欣賞記錄片，共同回憶軟橋的美麗，並致贈所有居民一本專書、二片紀錄片，供居民搬離後可以重拾翻

閱記憶。

　　在計畫中我們引導學生主動參與、付出，為保存地方鄉土文化貢獻一己之力，而所有活動都有學生自願參與，既學習，也服務，更回饋滋養自身的土地。

回溯時空、文物特展

　　文史專輯、紀錄片完成後，社群開始思索推廣活動，以善盡社區和公民責任，於是擴充社群陣容，邀請更多熱情的教師一起承擔，以研發軟橋跨科協同教學教材，設計「天堂不撤守──比分數更重要的事」大型活動、規劃校內學藝競賽（MV創作、照片、徵文、公仔、學習單書寫等）。因心有餘力，並將經驗分享予各地的教師團體，以及軟橋所在社區的明德國中。

　　99年10-12月，本校與北投溫泉博館合辦了「再多一眼凝望──軟橋文物典藏暨推廣特展」，學校對於這個特展非常重視，因為溫博館素為臺北純樸記憶的縮影，每年冬季的特展能見度總能吸引超過十萬民遊客駐足。為了將屬於「軟橋」的故事推展至全臺北市與其他地區，甚至包括遠道而來的國外觀光客，展覽文字、美工、海報設計、邀請卡、聚落模型、展場設計等全數由軟橋團隊的教師帶領學生籌劃設計。

　　展期原為一個月，因深受肯定而從10月延展12月。展覽期間，共投入近百位志工，包括溫博館導覽志工10位、中正高中學生70位、教師暨行政同仁20位。秉持學生服務學習信念，我們安排學生輪值導覽，專擅不同語言──中文、英文、臺語的志工用熱情化為行動，用言語傳達了地方的故事。

　　本於教育初衷，我們企盼透過文物典藏與推廣特展的設計，讓軟橋居民在家園已遭拆毀之際，再一次溫暖回憶過往，同時也讓其他參觀者關心一個即將在地表消失的聚落。我們深切盼望藉此展覽回溯時空，詮釋一段人與橋的故事。

擁護幸福、推廣分享

　　最後一階段，為了深化環境意識以及紮根校本教學，由畢業之美術班校友規劃一系列文創產品：手札、衣服、海報、環保提袋、手機袋、L型夾、磁鐵、明信片等產品。同時，團隊老師也著手研發新的鄉土教材，從流經軟橋的磺溪上溯到北投硫磺谷、龍鳳谷，結合國文40篇選文之一的郁永河〈裨海紀遊〉和地理、歷史、生物學科專業，而開發出「當郁永河遇見女巫」教案，這是共6節課的課程設計，包括2個小時的室內課程與4個小時的戶外學習活動。

　　就學生而言，在求學過程中，能夠為臺灣這塊土地付出心力，累積滿滿的能量，是幸福的。就教師而言，在教育路上，能夠有一群夥伴一起激盪、分享，也是幸福的。因為軟橋教師團隊在社區與教學的投入深受多方肯定，分享的邀約不斷，我們樂意把這樣的經驗和幸福與其他老師分享，將這種對土地的感動與深情傳散出去，把這樣的分享定名為：擁護一種幸福。

　　99至100學年度，針對教師的分享對象有：基隆女中社會科教師、文化大學教育學程班、馬來西亞全國華文中學地理教師研習、PLC專業社群分享、臺北市教師研習班及臺灣師大教育學程等。另外也主動邀約學區內明德國中，利用八年級班週會時間進行2小時的教學活動。

課程發展、教學創新

從團隊成員角度看軟橋教師學習社群，最大的創新是這群跨科教師願意協同教學，基於相近的教育理想，將專業研究成果融入教學，用最貼近學生生活經驗、學校歷史發展的例子來引起學習興趣，又結合工具（衛星照片、Google Earth、紀錄片、老照片）和研究方法（田野、景觀變遷、現場實察、心智圖），打造出獨一無二的校本位課程。

對於本校這樣一所學生來源跨越社區，自臺北市、新北市各地而來的高中而言，嘗試以鄉土為本的教學研究相當不容易，除了黃詣峰老師外，其他四位團隊成員皆是以異鄉人的背景看待軟橋，不過，軟橋情懷的連結，有很大一部分是公民責任，因科技園區土地開發在即，我們正處在一個歷史事件的當下。此外，我們都希望教學多些刺激火花，於是以「土地」為研究對象，根據成員不同專業，發展出不同課程內涵。

以兩位老師為例，地理科兼社團指導的孫細老師利用社課推廣田野實察與鄉土地理，設計的課程有：山中的鐵達尼傳奇——軍艦岩之旅；化腐朽為神奇——參觀焚化爐；今天我很菜——關渡平原土地利用；水溝之旅——為石牌新圳正名；花心之旅——花市的問卷調查。在地理教學上，則根據不同教學主題，如地形、水文、都市計畫、區域計畫與社區發展，結合社區環境資源將地理教學生活化。歷史科許孝誠老師則掌握軟橋地區賴姓家族發展史，以驗證清領後期地方開發若干特性。

團隊教師教學不拘泥於教室，秉持中正高中學生服務學習「由做中學」、「由服務中學」、「由體驗中學」的優良傳統，鼓勵城市孩子向農村聚落取經，尤其是社區所在的這片臺北市最後的後花園。

以下是團隊成員對課程發展的想法：

一、**多向連結**：以「土地」──「軟橋」連結各科，連結行政與教
　　學，連結社區與學校。

二、**跨科協同教學**：「土地」是共同的研究對象，不同的學科，切
　　入角度不同，整合各科知識，有助於提升學生思考與學習效
　　益，達教學生活化、活潑化。

三、**深耕地方、文化傳承**：啟發學生主動關懷與參與文物影像保
　　存，重視文化傳承，保存地方文化文物、文化景觀，豐富文化
　　內涵。

四、**生活體驗**：帶領學生走出教室，實際踩踏土地，領略親臨現場
　　的感動，一則引導關懷土地，二則累積能量，激盪創作靈感。
　　並培養學生覺察能力，透過北投士林科技園區的開發，瞭解都
　　市計畫對在地居民的影響。

五、**主動參與**：中正得天獨厚，校園座落於綠色田野中，師生得以
　　享受世外桃源之美，欣賞鳥鳴蝶舞、晨曦夕墜。故發起軟橋文
　　物影像保存活動，期使師生主動關懷週遭環境變化。

六、**教育推廣**：文林國小、明德國中、中正高中，因為軟橋社區和
　　文史影像保存而連結起來，這種初等教育和中等後期教育連結
　　的模式將不可能化為可能，將普通變為特別。

七、**全面感動**：分年級全校參與校本課程，共計實施四屆，感動的
　　能量發散，威力十分驚人。

八、**無限延伸**：土地上的資源可作為各科的教學內容與教材，人文
　　環境的變遷與關懷，更是教育內涵中最重要的情意培養教材。

科技園區第二期徵收即將動工，未來我們還要持續努力，跟時間賽

跑。三年內,我們必須動員更多的志工協助田野調查、整理史料、記錄影像,預計三年後,中正高中週圍將全數夷為平地,屆時希望我們用心累積的資料與文物可協助社區建立地方文史影像館,讓後代子孫與科技新貴都知道科技園區設立的背景。我們衷心期盼軟橋地方影像文物保存成功案例,可以「遍地開花」,供其他學科、其他學校、其他地方移植再生。

不只感動、還需挺身

老師在參與軟橋計畫的過程中,肯定了社區文化傳承與協同教學的價值;學生在參與社區文化保存與推廣的過程中,則落實自我實踐與自我成長,體會施比受更有福的意義。師生實地進入週遭社區,體會科技園區的開發和文化傳統的保存之矛盾衝突,因為感動,體會了付出與責任才是此刻最直接的力量!

軟橋影像文物資料保存及文物典藏暨推廣活動讓有意義的服務學習活動得以實踐,更進一步,我們期盼全校師生都是服務學習的參與者,因為軟橋社區而學習成長,體驗不同的人生滋味。

以下摘錄參與活動及課程者的心得感想:

教師	美術科 黃省非老師	受到計畫的感動,把學生從畫室帶到田野現場,讓他們深入其景,用畫筆把即將消失的東西保存下來,包括有形的環境景觀和無形的生活點滴
	歷史科 許孝誠老師	中正的特色之一,是前門喧鬧繁華,後門洗盡鉛華,城市和鄉村兩種不同面貌並存於一地。站在社會變遷的潮流中,要即時保住歷史記憶,這個使命有賴全體師生承擔
	地理科 孫細老師	從單純地理教學、社課活動,到整個軟橋文物影像保存計畫擬定與執行、橋團隊的成形,我感受了土地的悸動、居民的熱情、團體激盪合作的能量,積累成為我生命動力
	生物科 王舒瑩老師	土地的深情與溫厚是我們共同的執著,可是因現實牽絆,我們開始思考能為這塊土地做些什麼……這塊土地的精彩看似已經過去,但作為幸福的擁護者,我們因此也歡喜迎接這一份值得付出的幸福
	國文科 曾祥瑞老師	「軟橋」這一片都市桃花源,雖然已經歷了重大的地表變遷,但人與土地的牽繫依舊,於是追尋的動能在意義的存在中,昇華而美麗
	國文科 黃詣峰老師	把握每一個機會,創造每一個不可能。
學生	323周盈瑩	在舞劇的編排和練習中,我深刻瞭解到土地被徵收者的心情,過程中老師和我們多次討論,學習了舞蹈性與地方史事間的平衡,學習了聆聽,學習了熟悉地方,利用肢體傳達動人故事。
	323張筱捷	我們為中正高中後面這塊樂土留下美好的歷史,以後回想起來,都會微笑。施比受更有福,我深信著。我以中正高中整個團隊感到驕傲。
	322林宛錚	參加這個計畫之後,才知道中正高中周圍土地利用歷經了多次的改變,農民土地被徵收的無奈令人不捨,我們應該為農民做點事,回饋他們,也回饋這塊土地。
	104洪銓佑	自己享受文明進步的同時,其實是由很多代價換來的。很多人為了他人的享受,付出了自己心不甘、情不願的代價,知道應珍惜現有的幸福,並且感恩很多付出代價的人。

學生	106鄭子妍	隨著時間的變化，人們也開始追求進步與便利的生活，但有時會忽略了傳統文化，破壞了文化資產，我們應該學著找到保護文化，但也能追求完善生活品質的平衡點。
	208吳宛樺	從關懷身邊的環境，到試著瞭解即將逝去的文化，我發現傳承文化、保存文化太重要了，我們應盡力好好保護它。
	216王思淳	不論是軟橋的地名由來，抑或是當地的特色習俗，都令我大開眼界，也加深了我對這片土地的認同感。「原來有這樣的故事啊！」我希望當我在向其他人介紹時，對方能夠發自內心的感嘆。
	202廖珮婷	「自己的家園被摧毀」，以前我從來沒有想過，如今，我深刻體會到了，那一份心酸心痛多令人受折磨……。從軟橋中學習到的勇敢、堅強，以及軟橋故事，希望可以一代一代，綿延不絕地傳承下去。
	204黃冠傑	被迫拆遷的家園，被迫分離的人們，除了經濟發展，我不明白難道其他事都不重要嗎？這世界的天空漸漸被鎖住，笑聲即將關上，即使鈔票布滿軟橋，我相信比不上純樸的過去，鈔票，只是種玷汙！但謝謝中正高中，讓我明白這塊土地的故事。
	215莊姿瑩	軟橋，是個很純樸的聚落，居民都很開心知足的生活著，直到有一天挖土機駛進了他們的避風港。身為中正高中學生，我們有義務把軟橋的歷史傳承下去。軟橋孕育了中正、成就了中正，我們要把軟橋的故事一代一代傳下去。
社區居民	建民里黃志立里長	感謝中正高中對社區活動和文化保存工作的幫助，洲美里有焚化爐的資源，我們有中正高中這所寶庫。因為你們，社區的老人家能夠重新找回許多過去的回憶。
	建民里鄉親賴怡誠	我以身為中正高中的鄰居為榮，祖先的根不能斷送在我們這一代，孫老師與許老師帶學生所做的一切居民都看在眼裡，我們深表感激。
外校學生	明德國中822華芝禹	軟橋讓我的心更柔軟……。如今看不到阡陌、田野、磚製的舊三合院，人們的向心力與凝聚力慢慢的消失了。我看到的是人們感嘆，推土機的無情，我收到的是科學與歷史的衝突。
	明德國中813歐葦伶	人們必須珍惜自己的家園，不論環境是好是壞，那一份對鄉土的認同及尊重，不能輕易被外人所打敗！尤其，開發所帶來的損失雖不是金錢，但真正可貴的，卻是當地的風俗民情啊！

挑戰困境、成長反思

　　從民國97年迄今，團隊連同學校獲得諸多殊榮，這是努力的結果，然而困境並不因此減少，諸如軟橋計畫剛開始，兩位老師跑田野時頗受到居民的質疑，「為什麼當老師的人到處亂晃，不用照顧學生、準備教材？」日後，五位團隊成員每次社群聚會，也都先互相取暖，並重新堅定信念。從活動規劃、執行、檢討到成果彙編，無一不是內部成員先行扛下行政工作，直到超過權限或負荷，才向上尋求支援，多虧幾位有行政經驗的幹才，簽呈、計畫書撰寫、經費編列及核銷都不算難題，但重質感、美感、整體感、責任感的社群特質，使每位團員工作負擔與壓力都不小，過程之中所遭遇的困境和煎熬，比如：

一、拆遷進度加快：科技園區拆遷的進度因為土地徵收順利而加快，致使團隊的人力更顯不足，在校內教師多數課堂負荷仍重的情況下，我們非常擔心各項紀錄的時程會受到影響。

二、團隊成員有心力交瘁之虞：團隊內五個成員於公於私均肩負不同的任務，使得各項工作的規劃時間協調有時會遭遇困難，工作效能也有心力交瘁之虞。

三、經費短缺而時有不足：受限於不是一般教學活動，或有固定時間流程，無法完全經由學校預算支付相關經費。而專案經費亦受到相關法規影響，無法彈性配合處理，致使經費的支用常常有「挖東牆、補西牆」的疑慮。看似曙光的專戶捐助，又或者配合「再多一眼凝望——軟橋文物暨推廣特展」印製的T恤，或以彙編的2011年手札辦理義賣，還是有法規及輿論的限制與壓力，而常常無法完整推展。

此外，校內師生雖然逐漸認同團隊的行動與精神，不過仍有些許的聲音提出詰問，諸如「那些不會考所以不重要……」、「為何要開專題課」、「為何你們可以週五下午不排課」、「是不是因為作軟橋的計畫讓學校沒有錢……」等，種種因學校出現改變而使同仁感受不安的質疑，有時也會令人大感氣餒。但團隊成員深知需要要感謝的人還太多，體悟正義是條勇敢且漫長的道路，故秉持「不信理想喚不回」的信念，希望繼續以溫厚人情為這一塊土地努力！

當初，團隊從事社區中的文化保存和影像紀錄時，申請經費常遇尷尬窘境，教育單位覺得我們是文化工作，文化單位覺得我們該向教育單位申請，總是不得其門而入，但97、98年眼看挖土機就要進來，一切將會灰飛煙滅，土地故事即將空白消失，幸得劉正鳴校長支持，從學校教科書款支付相關費用，讓師生能順利為社區盡微薄心力。簡菲莉校長到任後，更積極將軟橋計畫與學習定位為學校重點計畫，動員行政參與支持，也將軟橋定位為校本課程，使所有中正高中的學生都透過該學習活動而認識軟橋、愛護這塊土地。

偉大願景的發想其實並不難，要成為有價值的社會實踐卻需要積極性的執行力，這些年，我們一群人走入軟橋社區，做了不一樣的投擲，酸甜苦辣的滋味盡在不言中，很累，卻很值得；很美，美得想好好收藏在心底，待多年以後，再重新翻閱記憶，我們一定不會後悔，我們的人生因此豐厚而飽滿，這塊土地也因此豐富而動人，孩子因著我們的引領，為軟橋故事的推廣盡心盡力，相信生活、知識、責任、付出、領導能力……課堂上沒教的，都在這裡累積了！

　　當代臺灣學生的讀書習慣是「被給予」，當學生要跨出第一步時，常需要師長更多的導引和鼓勵，從事「文化保存」的服務學習，不能只建立在「樂趣」的基礎上，必須利用課餘時間付出體力與心力，一再重複某些動作，例如：來回好幾趟從現場搬運古物到學校，所以老師必須事先花時間教導學生「不求回報」的概念。土地情感、歷史淵源、社區營造到文化的使命感，在社團組織和單一班級很容易被激發出來，但從點到面、由幹部到組織全員、由少數班級到全校總動員，在在需要師長費思量引導，為了持續擴大效益，我們也做跨班別的「協同教學」，用深入實地的感受栽培每一株文化保存的希望種苗。

　　運作類似軟橋這樣的計畫，除了一批無私的專業教師外，還要有能提供經費支援的競爭型計畫維繫，降低行政作業負擔、給予排課方便、協助活動紀錄、提供人力支援等則是延續教師熱情甚至感染其他人員的良方，有校長及行政團隊的鼎力贊助，一定可以有好的開始。

　　軟橋計畫由教師主動發起，學生自發參與，社區居民從被動協助到主動提供資源，家長會則是精神後盾，只要有活動，家長會長（張夢麟會長、林金枝會長、張麗秀會長）絕對親臨現場加油，亦主動導引孩子參與社區服務學習，家長的支持讓這良善美意的理念得以實際執行。另外，要提出的是校友力量大，97學年度參與社區營造活動的學生畢業後，不論專業能力還是成熟度都已更上層樓，尤其是美術班畢業生情感細膩，美工設計能力強，與軟橋團隊教師默契佳，不僅能將軟橋教師團隊的想法充分傳達呈現，亦能包裝行銷各項活動，讓軟橋的感動因美感讓更多人接受，這群校友是我們的超級好幫手。另外許多畢業校友也會回來支援各種活動，例如段考那一週，溫博館展導覽全數由畢業校友協

助。

　　付出難以計數的時間心力，累積大量挹注的各種資源，中正高中軟橋團隊攜手完成不可能的任務，並用數位將整個過程完整保留。心動，果真可以化為力量，並落實為行動。

附錄

軟橋計畫過程簡述

階段	時間	辦理項目
影像文物資料保存	97年9月	田野調查、史料收集
	98年3月	舉辦耆老座談會——戀戀軟橋風土（第一、第二會議室）
	98年4月	1.搶救文物大作戰——動工前後文物的搶救與蒐集 2.舉辦彩繪軟橋美展（介壽廳） 3.舉辦相約再聚首-中正高中感恩餐會（介壽廳） 4.設立「軟橋故事館」——影像文物資料館的空間規劃與配置與初步呈現
	98年5月	高二舞展——軟橋STORY：史・奪・離
	98年7-8月	1.拍攝簡介影片——軟橋歲月，與紀錄片——軟橋故事 2.編印《戀戀軟橋》文史專書
文物典藏暨回饋推廣	99年2月	舉辦「再憶軟橋」活動，讓社區居民回中正回憶過去
	99年4月	舉辦「天堂不撤守——比分數更重要的事」高三篇
	99年9月	舉辦「天堂不撤守——比分數更重要的事」高二篇
	99年10-12月	至北投溫博館舉辦「再多一眼凝望——軟橋文物典藏暨推廣特展」
	99年11月	1.辦理臺北市教師「擁護一種幸福」研習，分享軟橋團隊的協同教學與學校與社區的緊密連結 2.至明德國中舉辦「擁護一種幸福」，推廣軟橋，垂直連結，往下紮根

階段	時間	辦理項目
文化創意暨課程研發	99年12月	印製《軟橋手札》，全校師生人手一本
	100年2-6月	1.拍攝《洛城故事》紀錄片 2.設計手機袋贈送高三畢業生
	100年8月	1.設計「洛城磁鐵」 2.舉辦「天堂不撤守——比分數更重要的事」高一新生篇
	100年9月	1.編製「當郁永河遇見女巫」跨科協同教學手冊 2.舉辦「天堂不撤守——比分數更重要的事」高二篇
	100年9-12月	實施「當郁永河遇見女巫」（硫磺谷、龍鳳谷）協同教學

那山腰上的故事
——新北市私立聖心女中的樂活社群

　　一般教師成長或是學生學習成效時多關注於升學主科，然而在學校中被視為非主科如音樂和體育對於學生的意義為何？又如何能成為學校之特色？五育均衡的追求在注重升學之環境中是否可能？教師專業學習社群雖然較常見於升學主科教材教法之研發，或教師專業發展，但是其發展過程與核心概念諸如共同願景的追求、教師能力的提升、教師對教學的反思等，在聖心女中藝能科教師組成之樂活社群的發展中，有了新的體驗，對於學校創辦之信念產生更大的迴響。

※作者群

李佩貞	老師	廖培如	老師
段蓓明	老師	蔡淑華	老師
張兆鴻	老師	許嘉尹	老師
張逸如	老師	柴蘭芬	老師
陳鳳幼	老師	簡慧嫻	老師
陳上瑜	老師	劉姮邑	老師
吳秀倫	老師	王　漪	老師
曾惠雀	老師	王嬿蘋	老師

聖心女中樂活社群　社群成員

張逸如老師	廖培如老師	柴蘭芬老師	陳上瑜老師
張兆鴻老師	蔡淑華老師	劉姮邑老師	許嘉尹老師
李佩貞老師	吳秀倫老師	王　漪老師	
曾惠雀老師	陳鳳幼老師	李美玲老師	
段蓓明老師	簡慧嫻老師	王嬿蘋老師	

在那山腰上有個故事……。

關於幾個人，在那裡一起思考：如何回應學校校慶活動的需要？如何藉由這個活動，給學生一個深刻的學習經驗，又能提昇教學效能？

於是，他們做了一些事，有了一些學習與成長……。

故事背景、人物介紹及故事概要

一、背景

新北市的八里，有這麼一片廣大美麗的校園——聖心女中——優雅地座落在環山帶水的觀音山麓、淡水河畔。聖心人暱稱這校園為「山腰上的家」。許多來到聖心的人，總會被這偌大的校園以及世界知名建築家丹下健三的船屋建築所吸引；貌似圓山飯店的行政教學大樓，是由全球聖心師生募款而來的中國傳統式建築，學生就在此建築內上課，窗邊處處可以遠眺淡水河、觀音山，或是校園中的自然叢林，有人說這真是媲美豪宅的景觀呀！

9.7公頃的大校園，是訓練學生體能的天然運動場，觀音山麓的操場、排球場，是學生體育活動的殿堂；聖心樓紅白建築物內，是學生培養音樂、美術、家政能力的好所在；輔導室、修院及其附設的靈修中心，也提供了學生心理輔導和心靈課程所需的場地和靈性內涵與氛圍。聖心學生的身心靈就是在這樣的園地裡滋養成長。

而這個故事，就發生在這聖心校園中，故事的主角就是聖心的藝能科團隊。

二、人物介紹

　　聖心藝能科團隊包含了多元科目，每位老師各有專長，各有所司，下表呈現的是2010-2012年藝能科教師的概況：

科目	老師姓名	服務聖心年資	説　明
音樂科	張逸如老師	16年	藝能科主席。參與五十週年校慶體表活動規劃。參與2012年啦啦隊協同課程。
體育科	張兆鴻老師	9年	曾任體衛組長，五十週年校慶體表活動主要規劃及課程教學實施者。主張以聖心學生素來喜愛的排球，作為體表項目，並使體表活動幫助學生在課程學習的態度與效能上有所提升。
體育科	李佩貞老師（Penny老師）	5年	現任體衛組長，五十週年校慶體表活動主要規劃及課程教學實施者。提出並負責跳繩舞之安排與訓練事宜。在2010年優質化研習中，代表分享〈聖心藝能PLC〉（藝能科老師共同參與執行的五十週年校慶體表活動成果），獲得教授青睞，邀請代表聖心加入教授帶領之〈PLC輔導團〉。負責本文相關資料之收集與整理。
體育科	曾惠雀老師（阿雀老師）	8年	專職宿舍管理老師之一，兼任體育老師。參與五十週年校慶體表活動規劃及課程教學實施。主張以學生素來喜愛的排球，作為體表項目，並使體表活動幫助學生在課程學習的態度與效能上有所提升。
健康教育科	段蓓明老師	4年	2009年負責體衛組工作，參與五十週年校慶體表活動規劃與相關工作之執行。參與2012年啦啦隊協同課程。
家政科	廖培如老師	5年	參與五十週年校慶體表活動寒訓期間，關懷學生之營養膳食。

科目	老師姓名	服務聖心年資	說　明
國防教育科童軍、	李美玲教官	10.5年	參與協助五十週年校慶運動會當日學生之集合與進場訓練。
體育科	蔡淑華老師	5年	負責童軍及有氧舞蹈課程。參與五十週年校慶體表活動規劃及課程教學實施。負責排球表演活動的主要老師，也是全校有氧操之編舞與指導老師。因孕暫時離校休養。
美術科	陳上瑜老師	6年	負責五十週年校慶運動會會旗、小旗之設計製作，以及五十周年運動紀念T恤、紀念娃娃等之設計與製作。100學年度至他校服務。
	吳秀倫老師	1年	新進老師，參與2012年啦啦隊協同課程。
生命教育及輔導科	許嘉尹主任	6.5年	2009年任輔導主任，參與五十週年校慶體表活動寒訓期間，關懷學生之心靈狀況。目前於育嬰假期中。
	陳鳳幼老師	22年	宗輔組長，參與2012年啦啦隊協同課程。負責本文案之統整撰寫。
	簡慧嫻老師	10.5年	參與五十週年校慶體表活動寒訓期間，關懷學生之心靈狀況。負責整合藝能科資源，協助特殊個案，並協助整理文案。
	王　漪老師	12年	心靈課程及生命教育老師，參與2012年啦啦隊協同課程。
	王嬿蘋老師	4年	參與五十週年校慶體表活動寒訓期間，關懷學生之心靈狀況。98學年至美國深造。
	柴蘭芬主任	2年	代理輔導主任。參與2012年啦啦隊協同課程。
	劉姮邑老師	1年	新進老師，參與2012年啦啦隊協同課程。

在聖心，科科是「主科」！藝能科在聖心全人教育的理念下，因老師們以各種不同專業來合作，創造出一人一能、合作萬能的教學團隊。聖心藝能團隊，包含體育、音樂、美術、家政、童軍、健教、教官、輔導老師，每一位都各具專長特色，他們自創了一個口號——「藝能·萬能」。上瑜老師曾用漫畫方式畫出了一個生動的圖畫——

這張圖清楚且維妙維肖地呈現了聖心藝能團隊的特色精神——大家同在一條船上，船上的每個人各自身懷絕技，大家同心協力划向目標。

三、故事概要

故事從2009年說起，這一年，學校以一整年的時間，規劃各種活動慶祝建校五十週年，行政單位邀請藝能科老師幫忙，希望能在運動大會中展現一些特色。於是，藝能科老師們開始了一個大工程，這工程需要很多的對話溝通與辛勞的任務，最後，大家努力的成果獲得全校師生及來賓的肯定。這是藝能團隊一次成功的合作經驗。因著這個成功經驗，進一步促使原本就重視五育均衡的校園，更有運動風氣。

然而，學生太投入一些需要花時間準備的競賽，不免讓部份導師或學科老師感到憂心，於是，藝能團隊又經驗了一場「捍衛」啦啦隊比賽

的努力與合作。

　　故事以這兩個事件為主體，但，說完這兩個真實故事之後，還有一些真實的省思，也想與大家分享……。

　　就讓我們先開始來閱讀故事囉……

五十週年運動Show

　　話說2009年，適逢聖心女中在台建校五十週年，學校以一整年的時間，規劃各種活動來慶祝。行政單位前來邀請藝能科老師幫忙，希望能在運動大會中展現一些特色。於是，藝能科老師們開始了一個大工程。

　　藝能科主席以一貫堅定而溫暖的口吻告訴體育科老師：「你們盡量想，到時候有什麼需要幫忙的，儘管告訴我們，我們藝能科的老師們一定會挺你們，不要擔心。」

　　體育科老師當然知道，這運動大會的主腦，除了學務處，還有體育科老師和其它行政單位的規劃與合作，但是，一定也非常需要大家的共同協助。聖心年年舉辦運動會，而每年的運動會都是全校教職員工一同投入各項工作，檢錄組、裁判組、終點記錄組、禮儀組、接待組、護理站……等等，幾乎每位老師都擔當重任，當然，藝能科老師更是義不容辭地，協助許多幕前和幕後的活動。

　　雖然如此，體育老師還是得好好動動腦呀！五十週年校慶是大事啊！會有很多賓客啊！是應該好好慶祝！但是要設計什麼項目比較有意義呢？要用什麼方式來呈現比較好呢？體育老師們個個在心裡有很多驚歎號和問號。

　　他們思索了許多時日，有一天，兆鴻老師和阿雀老師各倒了一杯茶，坐在藝能科辦公室裡，兩人閒聊討論了起來，結果就聊出一個方向

221

來了⋯⋯。

「我看我們的學生，雖然不是打得很好，但是很愛玩排球。」

「對啊，我們每年舉辦的排球賽，她們可都練習得很認真投入呢！」

「那我們就來安排一個排球的表演節目。」

「我希望藉由這個表演，可以幫助學生在課程學習的態度和效能上都有所提昇。」

「你會不會想太多了。」

「欸，在學校裡的每個活動，不是都應該有教育的意義嗎？我們不要為活動而活動，為表演而表演啊！」

「說得好！我相信我們好好安排這個表演，應該可以達到你所說的教育效能。」

又一日，Penny、淑華老師也加入了討論，兆鴻老師和Penny老師有一個共識是：應該設計動態型的活動。四位老師都覺得可以用類似大專時代的成果展方式。他們不約而同地說：「要有看頭又有趣味！」。

而後，在一次由林沛英校長主持的五十週年運動會籌備會上，有了初步的結論，就是確定以排球為主題呈現一個項目，但沛英校長卻不滿足，請大家再多想其它的活動，此時Penny老師分享她在體育課操作跳繩的經驗，她建議可以有一個跳繩表演。這樣動態體育表演節目，可以由高中表演排球舞，國中則表演跳繩操。

很好！有共識，節目也想好了，但——問題來了，要如何安排準備這兩個節目呢？

首先，體育老師們在98學年度上學期中的教學研究會中，提出他們的構想，讓藝能團隊的伙伴們有初步的瞭解，並且歡迎大家提供意見。

「什麼是排球舞？」

「就是呈現一些排球的基本動作，配上音樂，加上一些韻律的動作。」

「跳繩也是這樣嗎？」

「跳繩本來就有律動感，做一點設計編排，配上音樂，就可以了。」

「哪些學生來表演呢？」

「怎麼訓練呢？」

緊接著，大家就想到後續有許多相關的事宜要持續討論籌備了。

另外，在運動會中，除了體育項目的表演，還要設計五十週年校慶大會旗、小旗和T-shirt，以及聖心吉祥娃娃。這份工作的主導當然就是藝能團隊裡的美術老師囉。

經過一番討論，大家有了初步的共識。Penny老師將大家的想法統整出一個簡明的圖：

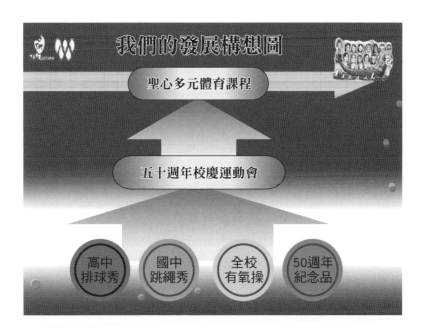

這個圖是說明：藝能團隊希望這次為五十週年校慶運動會安排的活動與工作，除了在校慶運動會當天有一個精彩Show之外，也期盼透過這個經驗，對體育科未來設計多元課程有所啟發與幫助。

有了一些構思之後，執行的工作就接踵而來。整體來說，為達成五十週年校慶活動任務，藝能團隊的合作模式大致如下圖：

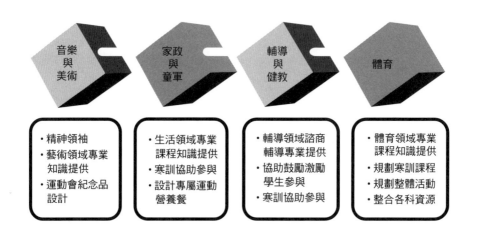

這張圖說明了：藝能團隊各有專長，但是在重大任務來臨時，各科老師都能慷慨貢獻他的專業，共同承擔任務，彼此連結與支持。

（一）排球跳繩表演秀集訓

高中排球表演活動的訓練，主要由兆鴻老師、淑華老師負責，國中跳繩表演秀則由Penny老師負責，培如老師協助，但從徵召學生、安排集訓課程、邀請協助的指導老師等工作，都是幾位體育老師共同討論執行。

Penny老師設計了一個可愛的徵召選手的辦法，利用學校佈告欄公告，也交由體育老師，利用體育課宣導說明並鼓勵學生踴躍報名。

　　結果，報名狀況果然踴躍，在排球表演隊方面有83人報名參加，但，經過第一階段訓練篩選後只剩40人，到了第二階段僅剩30人。跳繩表演方面，報名117人，參與考試的有68人，選出40人，正式集訓36人，集訓完剩30人。因為訓練過程實在是很辛苦，部份學生因不堪操練或是其他因素，選擇退出。當人數銳減時，體育老師慌了，心想如果再流失，恐怕表演活動就要取消了。正在焦慮之時，嫣蘋老師問Penny老師：「我可以幫什麼忙？」

　　此時Penny老師靈光一閃，說：「請你們運用輔導諮商的技巧幫我們穩住學生的心，幫助他們不要放棄。」於是趕快商請負責高中部輔導工作的慧嫻老師一起來幫忙，慧嫻老師就開始加入了協助集訓學生的工作，穩定了受訓學生的心情。

　　話說那是怎樣的魔鬼訓練，讓一些學生中途放棄？看看他們的訓練內容即可窺見一斑：

排球隊自我訓練計畫表

	動作表		
個人	立定跳高	每日 50 下	
	仰臥起坐	每日 50 下	
	低手連續擊球	每日 100 下	
	低手對牆擊球	每日 100 下	
	高手連續托球	每日各 100 下	
	高低手變化擊球	每日 100 次	
	空手高手扣球	每日 50 下	
雙人	低手對傳	找人練習	
	高手對傳	找人練習	
	高低手對傳	找人練習	
	若有不懂，動作影片會放在藝能科網站的最新消息中。		

排球隊訓練課表

	2/1 (一)	2/2 (二)	2/3 (三)	2/4 (四)	2/5 (五)	2/6 (六)	2/7 (日)	2/8 (一)	2/9 (二)
7:00 7:30	準時報到 8:00	【起床、盥洗】							
7:30 8:30	8:30	【活力早餐】							
8:10 9:30	【晨讀】								
9:40	集訓開訓 9:00	熱身跑步、伸展 ◎地點:操場							
10:00	基本熱身 球感.低手	球感.托球	高手動作	(複習)攻擊動作	綜合動作 發球	兩人隊形 跳躍托球 四角傳球	綜合動作 裁判手勢	綜合動作	隊型配合
中午 12:00	【有氧午餐】								
14:00 17:30	2人低手 移位動作	多人移位 托球	淡水河岸 風火輪體能活動	攻擊助跑 接發球	隊型配合	多人隊形 滾翻-倒翻	隊型配合	隊型配合	成果試演
晚上 18:00	【豐盛晚餐】								
18:30 19:30	盥洗、內務整理								16:00 ※歡樂賦歸※
19:30 19:50	隊務討論	隊務討論	隊務討論	隊務討論	隊務討論	隊務討論	隊務討論	隊務討論	
19:50 22:00	自主訓練	懸梁刺骨~挑燈夜讀	懸梁刺骨~挑燈夜讀	懸梁刺骨~挑燈夜讀	隊型討論	懸梁刺骨~挑燈夜讀	懸梁刺骨~挑燈夜讀	隊型討論	
22:00 22:30	~準時就寢~一夜好夢								

除了團體集訓之外，還要有自我訓練，內容如下：

團體集訓的內容且看下面這張課程表，這課程表主要由所有體育老師們和淑華老師一起規劃，但每日有「晨讀」時間，則是採納了慧嫻老師的建議，她說：「每一天的開始，讓孩子們有一段寧靜的時間是重要的！」

看得出這確實是不輕鬆的訓練，因此能夠留訓到最後的，都是菁英也是真的對排球或跳繩非常有興趣的學生。

成功關鍵一：堅強的內助

能留住學生的不只是自己的興趣，輔導老師的穩定力量，以及培如老師用心為他們設計的運動營養點心，也是安撫心情的重要因素。

成功關鍵二：有力的外援

除了團隊老師的支援之外，體育老師也善用了一個寶貴資源，邀請聖心小學曾擔任排球國手的張之皓老師，來指導學生基本的排球動作，另邀請學有專長的張瀛心教練來指導跳繩表演的技巧。師生們都感到非常幸運，能有專業的老師來指導。張之皓老師也分享他與藝能團隊老師們合作，以及與學生互動的感受：「我只有去幾天，感覺和女中部老師們的合作非常輕鬆愉快，而我因以前曾辦過類似活動，所以比較知道如何指導學生，我看見學生都很認真練習，我覺得這是很開心的合作經驗！」

是的，這是個開心的合作經驗，也是很有成就感的經驗，因為，這兩個表演都非常成功，在這個沒有體育班的學校，臨時成軍的兩個隊伍，竟然能展現出高水準的表演，學生們開心自信地展現的力與美，獲得了滿堂彩。

（二）紀念品製作

至於由美術老師所主導的校慶紀念品的設計製作，也是讓大家驚豔不已。包含運動會大會旗和小旗，紀念T恤和聖心吉祥娃娃，每個紀念物都是深具意義與美感。大會旗和小旗的設計概念，主要是要能展現五十週年運動大會的精神。兆鴻老師說：「我們可以比照大型運動會（如奧林匹亞）的概念來設計。」

　　經全校徵稿一直無合適稿件，後來委由學校社團「公共藝術社」來設計。最後是由上瑜老師指導高二胡乃中同學完成設計。設計概念是以奧林匹亞運動會的五環旗為基底，而後加入本土的特色，五環以中國的五行：金（黃圈圈）、木（咖啡色）、水（藍色）、火（紅色）、土（淺咖啡色）呈現，五行的〔行〕在甲骨文中的字形代表橫豎交叉能夠通行東西南北的十字大路，有行為、行動、能幹之意。取其代表聖心之精神：金：閃亮的聖心人；木：樸質之情；水：溫良柔順；火：熱情行動的心；土：不忘本。

為確認五環旗的智慧財產權的問題，蓓明老師還特地上網去查詢。事就這樣成了，大會旗、小旗和紀念T恤，都有這象徵金、木、水、火、土五行的五環圖。

　　吉祥物聖心娃娃的設計，則是由美術科上瑜老師與學務處和蓓明老師合作，先指導翁雅德同學繪製設計圖，再與廠商連繫接洽，前後經過

多次來來回回的修改，其中家政科老師也曾提供意見，這聖心娃娃的完成也實在是不容易啊。

難題一：廠商不能配合

合作的過程看來都很順利，其實不然，上瑜老師遇到的困難之一是與廠商的時間配合。當時製作吉祥物—聖心娃娃時，因適逢農曆年期間，廠商不願意配合出貨，差點開天窗，後來經與幾位老師商議，緊急更換配合廠商，並且經過多次的修改，才製作出那可愛的聖心娃娃來。

難題二：人力不足

培如老師遇到的最大困難是：學生人數眾多，只有一人要在短時間完成點心烹煮，真的有難度，但又不想因此犧牲給孩子們補充體力的機會。經討論，最後解決的辦法是，其中一餐以外訂水煎包的方式，搭配的點心是請學校餐廳幫忙煮：紅豆湯，如此，在不更改原來菜單的前提下，仍能兼顧營養的均衡與補充。

當然合作的經驗，特別是最後表演的成功，讓參與的所有老師們都有所收穫，最大的收穫是內心的喜悅與成就感，上瑜老師分享了他和學生的成長：「在指導學生參與五十週年校慶運動會的會旗、T-shirt與吉祥物的製作過程中，必須和製作廠商在實務上做很多討論與修正，例如：布料的選擇、正反面的印刷效果、吉祥物的姿勢是否影響製作成果……等等，這些都讓學生和我拓展了實務的經驗。」

我們相信：所有參與校慶運動會表演活動與合作的師生們都同樣拓展了生命經驗！

（三）全校有氧操

再來說說全校有氧操的部份，這其實是個臨時緊急的任務，藝能科主席逸如老師，大約在校慶運動會一個月前接到學校給的任務：要拍一段全校師生跳舞的短片，放到全球聖心學校的網站。當時，體育老師們都已如火如荼地為校慶運動會忙碌著，當逸如老師提出這件事時，兆鴻老師很快提出簡潔有力的結論：「這件事只能在當天做，沒有時間練習和預演，當天做當天拍。」

大夥兒決定：由淑華老師當天帶動全體親師生及來賓，在開幕禮中一起跟著淑華老師跳一小段有氧舞。於是大家很快分工準備。

果然，當天Penny老師在司令台上帶頭說明，淑華老師準備音樂，並在台上示範帶動，兆鴻老師在台下一起帶動，逸如老師、阿雀老師播放控制音樂，整個團隊一起參與，帶著全體親師生創造了一個非常特別、喜樂的感動經驗！

也許，從Penny老師的一段話，可以看出藝能團隊的特質：「我感覺到我們的團隊是很有能力解決問題的，任務來了，問題來了，大家可以

很快地共同面對和處理，最後開心地達成任務。」

（四）對學生和課程的影響

開心完成任務之後，體育老師們回歸到課程的教學，要看看是否對學生的學習有幫助，對課程的多元設計有所啟發。

首先，我們看到的是，排球課程的深化，跳繩活動的生活化：

1. 課程深化的部份，兆鴻老師在高一、高二各班實施種子小老師的培訓，由小老師協助帶動指導同學，結果，高一學生在低手連擊方面，都能達到50球以上的水準；高二學生在兩人對傳方面，也都可達10球以上；高三則是在排球比賽時有更多的參與和融入。另外，也帶動了校友的部份，2010年舉辦聖心姐妹校友排球賽，參與人數超過百人。

而參與排球舞表演的學生—林孟蓉在畢業後進入輔大後仍持續這個運動，目前是輔大排球校隊的一員，另一位學生陳羿君則進入國立臺北教育大學體育系。

2. 跳繩活動部份，除課程繼續實施外，學生也會在平日生活中玩起跳繩來。

另外，在整體課程發展上也有一些進展：

1. 藝能團隊向學校提出「增建飛輪與體適能教室」之建議，學校將之納入優質化計畫中。體育教師則配合教室設備，依國中和高中階段，規劃三年一貫的體育課程，以協助學生提升心肺功能，進而培養長期運動習慣。

2. 因集訓課程中有「左岸風火輪」的體驗，啟發了體育老師們善用社區資源的構想，於是共同設計了「飛輪外騎教學課程」，此課程已在100學年度寒假實施一次，課程設計包含校 4堂騎乘教學，校外體驗課程

36公里，參與對象是高二全體學生，每一班實際操作外騎時，皆需多位老師陪同，因此也邀請了校長和其他校內老師共同參與。

故事說到這裡，大家或許可以感受到——這山腰上好像有一股清涼怡人的運動風……

但這清涼怡人的運動風，並不是每一位在這個學校服務的老師都認同喜歡。接下來，且看一段藝能團隊，如何爭取保留運動會中「啦啦隊」的比賽……

啦啦隊保衛戰

一、為孩子創造律動的機會

每年到了運動會前夕，聖心校園內總會再次出現和排球比賽前一樣的熱鬧景象。下課後，操場上有眾多練習跑步、跳遠、接力的選手，教室、球場、走廊也到處充滿各班啦啦隊的隊伍，在活力十足的音樂聲中賣力練習。

「5、6、7、8、拍手」、「抬高」、「跟上節奏，GO！」

此時的聖心校園熱鬧非凡！

學生們不停重複練習同一個動作，自信有力的口號聲，互相鼓勵的加油聲，甚至還有學生打電話回家爭取繼續留校練習的哀求聲。好像每個人都在為共同的目標努力著，並且享受現在所做的每件事，即使身上的運動服濕了又乾、乾了又濕，每個人都期許自己在這短短的幾天就要練出一番成果。聲音喊到沙啞無聲，手腳累到不聽使喚，還是跟著同學努力練習啦啦隊的舞步，只為了把啦啦隊跳好。看到這樣的景象，很多

導師也都主動留下來陪伴學生盡情揮灑青春，築夢踏實的學習過程。

教學多年的兆鴻老師說：「依我多年的觀察，青春期的孩子，活動量不夠，更容易產生情緒問題，無法好好地在課業上學習。而且啦啦隊這個運動，能訓練學生的律動和空間感。」

其實在十年前，聖心的運動會並沒有啦啦隊比賽，而是大會操和健康操比賽，只是老師們發現：學生跳大會操和健康操時，除了稍稍一致的動作外，幾乎感受不到學生的活力，當時擔任體衛組長的兆鴻老師和阿雀老師，在課堂上都清楚看到，學生在大會操和健康操的學習狀況一直不好，不管體育老師如何賣力帶領、導師如何精神喊話，學生還是各自跳著看起來很不健康的健康操。

有鑑於此，兆鴻老師和阿雀老師決定從孩子的學習動機開始思考，並請益其他學校目前活動的方式，發現：不同年紀的學生學習動機不同，國中部的學生因為肢體動作概念不足，所以不喜歡跳；高中部學生不喜歡健康操死板的音樂，所以不喜歡跳。從而兩位老師慢慢發現學生很重視音樂的「Fiu」，也喜歡動作自由發揮。

為了引起學生的學習動機，慢慢整理出一套讓聖心學生能連貫學習的律動課程，啦啦隊比賽的想法也因此而開展起來。經由討論確定：新一年度的運動會，加入了「啦啦隊比賽」，安排在開幕禮結束後的第一個項目，是一項表演也是比賽。

如何操作這個比賽呢？

音樂部份由阿雀老師將一些流行的舞曲加以組合，那活潑的音樂組曲，讓學生們一聽到音樂就忍不住要舞動起來。而活動課程設計部分，

國中部先從國一開始學習健康操律動動作，國二則設計啦啦隊比賽，開放讓他們融入部分健康操動作，其餘舞步配合音樂自由創作；高中部則先從高一參與基礎啦啦隊比賽、高二進階成為創意啦啦隊比賽，高三因不參加運動會，則利用課程進行有氧的律動。整個啦啦隊課程規劃的核心概念，都是從基礎到創意，從個體到合作，從被動到主動，一系列的律動學習，希望能鼓勵每個聖心女孩勇於展現肢體的美感，發現律動的歡樂，更重要的是為他們創造律動的機會，幫助他們宣發情緒，而後能樂在學習。

二、大環境的魔咒

十年來，啦啦隊比賽儼然成為每年運動會中最重要的活動，也是各班參與人數最多的比賽，不管你跑得快或慢、跳得高或遠，啦啦隊比賽提供更多學生參與運動的機會，而學生們將家政課、美術課學到的服裝設計概念、美感能力融入比賽服裝中，將音樂課學到的音感融入律動表現中，將輔導課學到的激勵理論用在啦啦隊練習過程中，這也可說是各科學習的綜合體現。

這幾年運動會啦啦隊的開幕表演比賽，總讓家長們感動萬分，不是因為學生跳得多好，而是每個參與的學生那種投入的表情，認真的態度，還有臉上自然洋溢，滿到溢了出來的笑容，所有與會觀賞的人都能感受到，學生是真心喜愛這個活動。許多校友也常說：「我在聖心最難忘的回憶，就是和班上同學在放學後留下來練習啦啦隊。」

可見啦啦隊活動從練習到比賽，都能讓學生留下深刻的學習經驗，

然而，也因為學生對這個活動有強烈的參與動機，運動會前夕校園中因練習啦啦隊造成的鼓譟不安，讓老師們很憂心，若逢月考前夕，更讓很多學科老師提心吊膽，擔心學生為了練啦啦隊而「廢寢忘學」，因此不少老師經常到體衛組或是藝能科辦公室，表達高度「關心」，有時還會開玩笑地說：「如果學生唸書有這麼認真就好了！」或是：「上課有練啦啦隊這麼積極，課早就上完了！」

不過，也因每年運動會都安排在月考後，所以即使一直努力調整做法，仍無法去除很多老師心中「啦啦隊練習影響上課」的想法，於是校園內逐漸出現了三種聲音：一個是取消啦啦隊比賽，一個是都可以，另一個當然是誓死保衛它！

100學年，十二年國教宣導開始啟動，學校針對校內活動作全面性的檢視，希望能讓學生有多元活動參與的機會，也能整合相同性質的活動，避免教學資源的浪費。在一次導師會議中，就有老師提出停辦啦啦隊比賽的建議，經過一番激烈討論，最後，校長請學務處和藝能科老師協同討論，要提出能消除老師們疑慮的對策，再提導師會議討論決定。

初聞此消息，藝能科老師們無不感到震驚，體育老師們更是感到挫折。於是「藝能‧萬能」的團隊意識立即啟動，藝能科主席逸如老師登高一呼，召開教學研究會，請藝能科老師快速專業地整理學生的學習歷程、學習時間，以及每位老師遇到的困難，而後大家一起腦力激盪，一一提出對策與方法，希望能藉此說服行政單位和導師們，讓啦啦隊比賽繼續舉辦。

匯集藝能科老師們的意見後，逸如老師請學務處再向老師們說明啦

啦隊舉辦的重要性，但在部份老師堅決反對之下，仍被否決！

逸如老師心想：如果這樣就要體育老師們放棄當初努力建構的活動課程，放棄給予孩子們舞台，放棄這個讓許多學生展現律動美感的機會，實在很殘忍！於是進一步與團隊討論調整操作方式，而後再與學務處商討出一個從學校整體活動規劃考量的調整方案——

配合高二、國二有聖歌比賽，那麼啦啦隊比賽就只保留給高一、國一來參與。在各班音樂的時間點，以及開放各班練習的時間方面都嚴加管控，特別強調月考前絕不讓學生練習，違者扣分。

這個方案在學務主任大力說服下，有條件的通過，條件是絕不影響學科的上課時間。

這當然又是藝能科團隊另一個挑戰的開始……

三、「藝能‧萬能」再度合體

啦啦隊保衛行動就此展開囉！

首先，再度召開藝能科教學研究會，研議對策與方法，希望能為學生爭取活動參與的機會。Penny老師將老師們提出的問題與藝能團隊討論出的策略整理如下：

老師們提出的問題	藝能科的對策	協助老師
練習時間太長，影響正常作息。練習時間太短，學生準備不及。	配合學校行事曆，提前規劃適當的練習時間，並協助負責同學做好時間管理。	學務處、體育老師、輔導老師
音樂太早發放，學生心神不寧。音樂太晚發放，學生無法編舞，或將已編好的舞步又臨時改變影響進度。	關於練習時間的規劃：請音樂逸如老師協助，提早編好音樂，並在音樂課協助學生，瞭解律動與音樂節奏結合的重要性，讓負責編舞的同學提早試聽，避免音樂發下後編舞又改變，浪費時間。	學務處、音樂逸如老師、有氧老師（淑華老師）
學生過度重視服裝設計，浪費資源。	請家政老師指導，用最簡單的方法設計出各班的服裝搭配，或請美術老師協助從配色的角度，協助變化學校制服達到創意的效果。	學務處、家政老師、美術老師
學生太認真練習，一直向各科老師借課，影響上課專心。	請全體藝能科老師協同在指定時間內釋放課程，協助啦啦隊練習。	教務處、藝能團隊
提升比賽裁判專業度，以求公正性。	外聘專業舞蹈老師及邀請音樂逸如老師、非任課體育老師共同加入評審，提升專業度。	學務處、外聘裁判、逸如老師、體育老師

至此，藝能團隊也達成了以下幾點共識：

1.可協助課程——音樂*2、輔導*2、家政*2、生命教育*1、倫理*1、健康教育*2。

2.請負責編舞同學事先填妥啦啦隊練習進度表，向該堂課老師報告徵求同意才能借課。

3.同學須感謝老師共同協助指導班級
活動，請編舞同學確實將動作編
好，才進行借課。

4.借課時段，場地不可影響其他班級
體育課程。運用藝能科各科課程練
習時，各科老師之評分，列入啦啦
隊整體精神分數計算。

討論確定之後，大夥兒就開工囉！

科主席逸如老師帶著淑華老師，
身先士卒地開始音樂的編輯，過程
中數度拋夫棄子，放學後留在學
校，一個節拍一個節拍慢慢研究，有時因為一拍，修改數次，只因兩人
堅持要做到最好。

兆鴻和阿雀老師開始指導學生啦啦隊練習的重點，提醒孩子們肢體
的表現。

輔導老師們則在旁鼓勵學生給學生無比信心；培如老師針對學生的
服裝設計給予建議；其他老師也都慷慨協助並指導；學務主任和Penny老
師則利用職務之便，給予行政上的相關協助。

短短兩週，啦啦隊如期開始練習，學生照著練習進度表，一一記錄
及規劃練習的過程與內容。協同課程的指導老師們如何協助呢？且看幾
位老師的分享：

家政科培如老師：因不是全班都跳，所以我讓沒跳的同學做一些相關的練習。

1. 國一：需練進場的就在旁邊練進場，其餘的繼續完成家政課程所交代的作業（因擔心專業度不足，若孩子受傷無法處理）。對於上場的同學，我只提供一點服裝妝點上的指導，因學校有規定的服裝，他們只能在配件上做變化。他們是第一年，不知道啦啦隊比賽到底如何進行，我在隊形及動作上給予一些提醒：重點是整齊，動作不要太複雜，臉上一定要有笑容。

2. 高一：讓沒有參與的同學在旁邊觀察，並詢問觀察到什麼或是有何靈感。同樣給予關於節奏、隊形及動作上的提醒。他們對服裝已有想法，所以沒給太多意見。

輔導科姮邑老師：

1. 事前：教導孩子，不是「借課練習」，而是另一種學習方式；學習「團隊合作」、如何善盡自己的職責，例如：身為領導者，如何有效帶領同學練習，底下的同學，如何配合領導者，旁邊的同學，也必須要幫忙觀察，並且適時提出意見。

2. 練習過程：按照上述的想法，指導學生練習。

3. 結束後，利用輔導課，整理相關的經驗，並請學生回答：

  a. 在班級團隊中，我努力了什麼？付出了什麼？

  b. 我想對這樣的自己說些什麼？

生命教育科王漪老師：

在高一的班上遇到的一個狀況是：班上有要練或不練兩種聲音，我

請他們把不同立場的優缺點列出來，由班長帶領討論出一個大家都能認可的折衷之道，決定了，大家就遵行，學生在這過程中學到了民主的意義，透過意見交換解決問題。

大家看到高國一啦啦隊如期在運動會中，舞出每班的活力與特色，並且再度獲得全場來賓及師生的掌聲，當然都感到欣喜萬分，然而在藝能科老師們心中仍有一份掛念，也是一些對教育重點內涵的省思。

藝能科老師們在陪伴孩子們在努力練習的過程中發現：孩子們偶爾會有意見不合、鬧鬧脾氣、誤解、難過的情況，但為了活動的順利，孩子們自己會試著去和解、協調。我們在想：

❖這不就是我們要孩子們學習的合作與溝通嗎？！
❖這樣的學習活動對孩子們的整體學習不重要嗎？！
❖我們想要努力保衛的，應該不僅僅是啦啦隊比賽吧？！

我們的真情告白

熱鬧的活動之後，我們會有一些想法，而說了這故事之後，我們也想要真誠地做一番告白……。

告白之一：我們是PLC團隊嗎？

坦誠地說，我們共同完成五十週年校慶的一系列活動，那些共同面對挑戰、分工合作，為我們來說是自然而然的，因為，在聖心，這是自然的事。

有一天，教務主任邀請藝能科將此經驗寫成PLC，列入優質化的方案中，於是我們這團隊就成了「聖心樂活社群」了。

　　而後，在99學年度一場優質化研習中，學校邀請藝能科老師將此經驗和與會者分享，獲得佩英教授的青睞，隨即邀請聖心加入「PLC輔導團」。因為這份邀請，讓代表藝能科分享的Penny老師開始了一段分享與學習的歷程。後來，教授又邀請我們將經驗撰寫為文案，參與專書的出版，所以才有這份文案。

告白之二：團隊每一位都參與PLC嗎？

　　藝能團隊老師各有專長與專責的科目，平日各自為教學與行政工作奮鬥，各自忙碌中，有時互動也不免有誤解。教學研究會時間有限，Penny老師也沒有時間與團隊好好地分享，對於PLC這件事，很多人都不太明白，關於「PLC輔導團」做些什麼也不太瞭解。但我們有一個共識：我們是可以合作的，而且已經有很多成功的合作經驗，我們願意藉由這次文案的整理，讓大家從團隊過去經歷的兩件大事，更加肯定：我們是優質的藝能團隊，我們有美善的能量，我們真是一個樂活社群！

告白之三：我們的經驗值得分享嗎？

　　聖心藝能團隊的優質，來自良好的合作基礎，而這基礎建基於聖心整體的校園文化。這校園文化的根源，是創辦人——聖心會會祖的信仰根源——耶穌聖心的愛。因為這份愛，會祖聖瑪德蘭索菲說：「即使只為一個孩子的幸福，我也要創立聖心會。」

　　而因為會祖的這份信念，我們有了共同努力的目標：即使只為提供一個孩子多元的學習機會，我們這個樂活團隊也要在教學上認真求進，在活動上團結合作。我們相信這些真實的合作經驗是值得分享的，也許它不太符合PLC的建構歷程，但，我們樂於分享！

新進教師的奇幻之旅
——花蓮私立海星高中的攜手社群

新進教師在一開始任教，往往遇到班級經營理論與實務上的差距。學生的多元組成、教學成效的壓力等，均使得新進教師需要學習

※作者群
孔令堅　老師
宋宥輯　老師
保淑卿　老師
陳海珊　老師

的適應期。海星高中便運用教師專業學習社群的力量，讓有經驗教師扮演陪伴者，帶領新進教師登堂入室，然而在運作的過程中，人與人之間細緻的互動關係如何臻至圓滿？有經驗教師如何自我準備以有效扮演陪伴者？均是教師專業學習社群運作必須面對的課題。

國中部教師		專任教師		普通科教師		國中部教師	
呂怡慧老師	沈怡蕙老師	吳佳樺老師	曹奕翔老師	許志誠老師	徐尚如老師	陳定邦老師	吳振宇老師
李育瑄老師	陳宛吟老師	簡辰緯老師	陳靜嫻老師	何亞宜老師	孔令堅老師	林東成老師	鍾佩卿老師
林佑欣老師	徐詩晴老師	張殷華老師	保淑卿老師	陳亞雲老師	葉東茂老師	王怡仁老師	邱雅梅老師
林秀穎老師	藍瓊茹老師	陳海珊老師	王澤惠老師	蕭嘉鈴老師	李恭榮老師	郭秀娟老師	宋宥輯老師
賴靖芳老師	許文瑜老師						

Coming together, keeping together, and working together!

開始之前

一、我們的核心價值

民國48年，天主教聖吳甦樂女修會的修女們，受到花蓮縣長的邀請到偏遠的後山花蓮創建海星女中。修女們當時創校的眼光在於為「弱勢者開創教育的機會」。在那個年代，教育的「弱勢者」是「女性」以及「原住民」。這個眼光也奠定了海星中學教育工作的核心價值——「帶好每一個海星的孩子！」

我們踐履吳甦樂女修會的會祖聖安琪所言：「在光明中行走；在喜樂中生活」、「當彼此合作，以愛德為聯繫」，效法古人精神，願意以愛、分享、和學習的價值傳遞給海星的老師，並相信教師可以成長和改變。老師是願意和能夠以自己的「生命經驗傳遞生命」，以自己的「愛心培養愛心」，在陪伴學生的同時，帶好每一個海星的孩子。

因此我們選擇以教師專業學習社群作為起點，發展一個以分享方式長期陪伴新進教師成長的模式，我們瞭解老師只有在自己有被陪伴和分享的成長經驗，才可能以此價值和態度帶領學生學習，進而引領每一個學生的成長。

二、看看我們的現況和需求

（一）海星是──「又要馬兒好，又要馬兒快吃草」

每一個學生的生命都有其獨特性，我們希望海星的老師協助每一個學生認識自己，並能幫助學生活出負責、精彩的自我。另一方面海星中學教師流動性大，所以新進教師為適應一個新而忙碌的環境，也需要有經驗的老師陪伴支持，早一點熟悉教學工作，也早一點有餘力幫助學生學習。對個別學生獨特性的關懷，和對新進教師的期許，使我們不斷尋求更適合的方法。

（二）從「教師專業發展評鑑」出發再尋找新方法

我們是一群想增能的老師，在進行教師專業學習社群之前，我們已經實施教師專業發展評鑑計畫，有大半的老師進行一對一進班觀課，和課前和課後會談。雖然參與教專評鑑的老師們都有壓力，也都完成了進班觀課、會談記錄和繳交報告，但在教師生涯中新進教師似乎缺乏了同儕實質的關心和持續的協助。於是我們幾位資深老師開始思考如何修正「教師專業發展評鑑」的模式。

（三）優質化高中計畫適時回應並推動我們「向前行」

2010年海星通過教育部高中優質化第二期程焦點創新計畫之申請，計畫規定以教師專業學習社群作為學校行動計畫的主要推動模式。這正好符合海星以和教師專業成長結合為需求的規劃，校內一群老師，志願擔任輔導教師的角色；作為陪伴者，邀請了新任教師和初任教師，或有需要學習的夥伴教師；作為同行者，自發性的組織教師專業學習社群，並於固定時間聚會研討，探討教學方法的不同效果，分享教師個人教學及行動中的反思，看到彼此的教育信念，從而積累經驗和獲得增能。「教師

學習社群」於是成為海星幫助教師成長的一個行動研究。

相遇、相知和相惜的社群成長

海星中學持續兩年推動教師專業學習社群，目前無論新任教師、初任教師、輔導教師、甚至一般教師，大多願意主動參與。而對談的內容，也多以課程教學與班級經營為主。每次對談的模式，表面上看起來像是「教師個人分享」，實質上是老師們之間的反思教學，例如有一次，初任教師來到團體中，向團體拋出一個最近困擾他的教學問題，旁邊的教師頻頻點頭，表示自己也曾有此困擾，讓拋出問題的老師表示：「真好！我以為只有我有問題，現在知道也有人跟我一樣時，我鬆了一口氣。」接著老師們就你一言我一語的忙著解決困難，這時有一位老師問說：「為什麼這問題會成為我們的困擾？這個困擾是解決它呢？還是可以接受？或是重新定義？」

在對話中，教師從尋找問題解決方式開始，進一步探索問題本質，經由思考空間的擴展，老師們得以深思教學背後的教育信念和價值。這個過程不僅讓所有社群教師意識到教師身分的工具性和目的性之差別，更能幫助老師認同「教師由職業進展成志業」的使命。

我們的團體發展是：一邊進行PLC，一邊檢討、修正，並且繼續團體的成長。我們把團體的發展定為下面四個階段：初始期是建立彼此的信任；磨合期是反思過程、持續溝通和促進瞭解；運行期是團體學會共享價值、願景、和共識，且具備凝聚力；轉型期是計畫執行的2年後，我們鼓勵參與的新進教師，轉至教學研究會中繼續成長。這個團體發展過程的設計，是考慮安定新進教師一開始的焦慮，亦即對環境不熟悉和班

級秩序的管理。我們規劃以兩年時間陪伴和增能，接下來進入教研會繼續在專業教學上培力。

剛開始成立社群時，陪伴者幾經討論，確立了以「當事人為中心」的方式，培力新進教師，同時達成社群陪伴共識，包括：以分組方式陪伴，以符合教師成長需求；陪伴者與新進教師相處一同學習、分享及反省；陪伴者在PLC中應有的態度、注意事項及帶領技巧；陪伴者進行反思，確實以社群培力新進教師。

我們將新進教師視為同行者。陪伴者與同行者的觀點，是海星這段經驗與反思所編織出來的時間軸線，以下便以此描述我們社群的發展經過：

一、陪伴，與陪伴者的反省

初期，陪伴者認為PLC的小團體對新進教師有幫助，幫助最大是對老師身心的支持。夥伴教師和輔導教師在非一對一的狀況下，壓力明顯較小，彼此的分享也較自然，可以觀察到每一位參與社群的老師，讓大家在分享與聆聽中成長。比起教師專業發展評鑑，老師們「你看我上課；我看你上課」，看完之後有一種「你不好意思看到我」的感覺。如今以團體的方式，覺得比較親切自然，也因為同時參與人員較多，反而使得新進教師看得多、聽得多、當然也就學得快。

99學年度陪伴者進行問卷調查，結果顯示，第一年邀請加入團隊的新進教師，參加一年後順利適應海星忙碌、繁重的責任和工作，並能留在海星，而離開的老師中，有幾位是沒有參加PLC的，有幾位參加了團體，但出席非常不穩定，在團體中從不發言。

　　25份答案中，13位同行有正向的動機參與社群活動；但也有8位同行者表是對參與PLC的疑惑，例如：「浪費時間」、「有一些焦慮」、「累」、「緊張不安」、「未知」、「忐忑不安」、「不瞭解這是什麼」、「少了自己的時間」。不過，這8位同行者因行政的堅持和要求，在緊張、厭煩焦慮的情緒中，依舊參加了團體，留下來的最主要原因，是在工作挫折中有團體夥伴的支持，可以使自己有能量再出發。

　　計畫的第二年，陪伴者反省了前一年的做法，發現陪伴者過於心急想分享自己的經驗「教」給新進教師，結果造成兩個最明顯的狀況，一是陪伴者的分享反而帶給新進教師壓力，讓新進教師不敢（不願）在團體中分享工作中的任何狀況，二是陪伴者分享的內容不是新進教師的需要，也許是陪伴者自己初任時的困難，因此對同行者幫助不大。藉著陪伴者的團體，自我覺察、反思和討論之後，PLC的運作方式在下一年度做了調整。

　　一位陪伴者的反省札記，敘述了陪伴者心態調整的過程：「團體的目的是為了同行者（新進教師）所以應該讓同行者分享，而不是陪伴者說教。」

　　輔導教師在團體中聆聽、陪伴、回應的重要目的不完全是解決新進教師的困境，更是藉著這樣的過程幫助新進教師，就像是一種關心，牽動了教學現場師生互動的關鍵問題，進而開啟後續如骨牌般的反省過程，新進教師不僅「解決問題」更是增進「對行動反思」及「在行動中反思」的能力。

　　所有人面對「人的問題」都是一種獨一無二的方式，別人可以給建議、給經驗，但終究回歸當事人的主觀去面對。

從心學習
——聽專業學習社群老師說故事

二、同行、與同行者的需求

　　第二年時我們依據新進教師需求，將PLC分成四組，包括國中部、高中普通科、綜合科、和專任新進教師，除了新進教師，陪伴者也需要自己的PLC。組織圖如下：

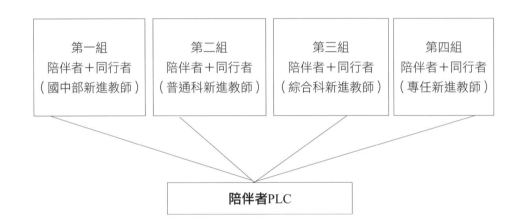

　　四組學習的內容，有共同的部分，但也因組別教師需求或主題興趣而有所不同。例如：在十月份時，三個小團體因為是導師的身份，就會談如何配合學校校慶活動，這次小團體感覺比較熱烈討論，不論是陪伴者或是同行者。後來在陪伴者們自己的反思中，也發現在團體中要一起解決「事」的問題，是最容易發揮的，問問題的人不害羞，回答的人傳承經驗，雙方似乎都沒有壓力。反而在團體中談到教學的問題是比較含蓄而不具體的，這時可以感覺到團體中的信任感仍有些不夠，討論班經和親師溝通等主題時，討論深度及信任感明顯不足。

　　四組團體進行的內容，皆從成員自我介紹及引介PLC概念和運作開始，期望參加者都願意在團體中發言，接下來團體進行的方向就有很大

的差別，其中三組為新進教師且為導師所組成的團體，因此帶班需要配合學校重大慶典、重大活動等議題，從老師們的溝通和研討當中，不難發現大多有責任感，身為導師希望把事情做好。PLC的功能似乎只是傳遞訊息和協助問題解決，反而少了自我反思及教師專業的成長，當然也不該「心急」，因為透過協助老師解決眼前的困難，也能贏得同行者的信任。接下來同行者有機會能更多的參與和反思，也可以走向教師成長之路。另一組PLC中，這個學期多邀請同行者發言，結果老師反而分享教學工作中的感動之事，當然是美好而正向的分享，但也有可能是小團體的信任感還沒有建立起來，反而避談困難或問題。

第三組PLC由專任教師組成，分享的議題集中在學校活動的參與、教師的角色和定位、師生關係與朋友關係的澄清、教學的策略，以及如何提升學生學習動機。不過，這一組的老師分享內容較不容易聚焦，或者傾向於分享個人的部分，難以形成共同討論或反思的議題。

第四組的討論多以班級中個案學生和親師溝通為聚焦的議題，陪伴者提供不同的回饋和建議，雖說這是一種幫助新進教師的方式，但仍期待教師是一個可以培養自己反思能力。專業的教師PLC的討論不單為了學習教學技巧，更是培養教師認識自己獨特的地方，協助教師發展一套面對學生學習的教學信念，使每一個老師都可以成為獨一無二的Power教師。

成長與反思

一、同行者：從陌生焦慮到互信支持

初任和新任教師初到學校和擔任導師都是面臨很大的挑戰，心情

總是忐忑不安。透過社群的對話和討論，我們瞭解到新任教師工作的焦慮，主要來自對環境和學生的陌生，親師關係尚未建立，帶班能力尚未發揮，以及對同儕和組織文化不甚瞭解。一般而言，只要學校提供支持系統，初任教師可以很快適應並上軌道，融入學校的大家庭。

新進教師多半年紀輕，更多是初任教師，對學生的狀況不瞭解，包括學生的特質、在地的文化、學生在學習或生活上會有的困難，都不太熟悉，因此感到焦慮不安。老師們說：「除了上班以外，可能其他的時候我要想方法跟學生融入，要能進入到學生的世界跟他們有交談跟溝通，才能夠有影響。」

後來我也學到瞭解學生，其實是要看到那搗蛋還有講話那面以外的東西，然後要看進去，知道原來他在做的事，最後再判斷，時間久了學生也知道，這個老師不是只有打壓，是真的用心在看，那就能夠用時間精神體力去換來改變，在帶領孩子上，我覺得自己的能量不夠，並沒有把自己的情緒與工作分離清楚，常常帶了許多不舒服的情緒回家，甚至沒有好好的消化，導致到最後受不了，甚至是開始懷疑自己，這樣莫名的不安全感，連自己都害怕！

對學生背景、特質和行為的不瞭解，連帶著會影響老師們帶班或引導學生的方式。在參與社群之後，新進教師有機會反思和調整自己的認知、行為與態度。

以往處理學生問題，我總是以大聲音量來喝止學生之不當行為，進入本校參加PLC聽到陪伴者的建議，讓我改變說話方式（會好好說），因為本校學風自由，若我仍採用以前硬碰硬的方式似乎也是

沒成效，現在我會和學生好好溝通。

有一次陪伴者分享實用的班級管理的技巧，回到任教班級實驗後發現有立即的成效，改變以往在制止班級學生吵鬧用高分貝的音量壓制的方式，避免掉入課堂秩序受學生影響而失去主導權的陷阱。

在反省自己過去帶班的經驗，審視自身狀況，發現自己較以自己的思維出發，主導一切，不懂得轉換角度，也覺察自己太多的負向思考，太急著想解決問題，事實上，學生的生活態度和他的與家人關係的改善，並非易事，是難於處理的。

其實當個老師很容易把學生的缺點放大……所以看到他好的地方，我要非常大聲的，充滿很讚嘆的，很正面的給他很大的鼓勵。

除了對學生行為不瞭解，帶班的經驗不足之外，和家長溝通與建立關係，是多數新進教師的挑戰。親師之間可能需要注意的細節，包括怎樣的事需要聯絡、親師溝通時應注意哪些語言的表達等。

班上上學期發生了幾位女生欺負一位女同學的事件，在事後回想當初處理整件事的過程後，發現若能先與家長建立關係，進而取得家長的信任，將會是日後輔導孩子時很大的助力。

除了不定時與家長聯繫，班上有一半以上的同學我都曾家訪，北至和平，南至富里。見面三分情，除了能當面將帶班理念傳達給家長，也能避免學生假傳聖旨的情形發生。

進入新的學校，老師有許多事都要學習，包括建立新的同仁關係，

瞭解學校的文化及核心價值,以及組織的運作方式。老師們需要建立新的認知或態度,漸漸融入大家庭。

　　那時雖充滿教育的熱情,因缺乏經驗,對於學校的行政事務或是班級事務多半採取傳達角色在海星第一次參加家庭日活動,除了更清楚自己在海星的定位,也藉此活動調整自己的教育方式。

　　我覺得身教比言教還要來的深遠。

　　在以前服務的學校,學生若有觸犯校規的情形,一切依法行事。來到海星之後,發現若用以前一板一眼的方式來帶學生,勢必會有許多挑戰。現在我會參考教官的方式,不以記過為前提,先給孩子機會,但會將遊戲規則說清楚,若下次再犯,就會處分,尊重孩子自己選擇的路,陪伴他們一起成長。

　　因為資深老師們都很願意被問,很願意分享,然後也很願意聆聽,就是:「你有困難嗎?我可以幫你,等等……我覺得這三點都是我們這邊的一個氣氛,這氣氛是至少是有助於教學,有助於我關懷的這一塊。」

　　從以上新進教師的心聲,不難發現他們的教學現場的需求主要有:教師專業科目的教學內容、教學策略;對學生學習狀況的瞭解、困難的發現及解決;學生生活教育及輔導的敏感和技巧;班級經營的觀察能力和處理能力;親師溝通的同理、聆聽能力及溝通能力;學校的核心價值、價值觀的認識;私立學校的要求與自我要求的衝突和調和。

　　發現了問題之後,老師們經由社群的對話,找出解決之道的同時,

建立分享和互信的關係。同行者在反思時，表達社群給了她們的成長和支持的力量。

　　出乎意外地調到國中部擔任國一導師，又是一個令我墜入五里霧中的茫然，國中學生的稚氣習性，事務上的瑣碎繁雜，對我而言又是新的挑戰，特別是與家長的溝通上又陷入傳達校務角色，例如：當孩子在校有不良狀況急需與家長聯絡，當我如實告知家長孩子在校所犯的過失時，家長的無理責罵，怪罪，推卸責任的態度，令我心灰意冷，也懷疑自己是否選錯了教職，在沮喪無力時，希望能透過學校PLC的團體分享，在班級經營或與家長的溝通能獲得一些智慧，試著將自己遇到的難題在團體中分享，我體驗到同事們的慷慨，不吝分享他們的帶班經驗，在思辨後覺得方法可行就試著應用，我發現當家長覺得老師是真誠的，是關心孩子的，期望孩子有更好的發展時，家長會更樂意支持配合。

　　經由加入了此PLC，透過資深老師與修女，似乎能感覺到大家其實同樣都在一條船上，面對問題大同小異，其實大家都很需要彼此互相的支持和陪伴，一點點的鼓勵與支持是能夠產生小小的能量。

　　第一年參加PLC我是被陪伴者，因體驗到團體同仁的相互支持，資源的分享，透過長時間的相處所累積出來的信任與支持，這是我所珍惜，也是我繼續參加PLC的緣故與動力。
　　我很喜歡這樣的感覺就是跟人家分享，我會主動去想把自己的成就，然後就是盡量講出來，希望大家肯定。需要人家給我一個支持，就是給你鼓勵的地方，放下很多雜念和負面的東西，然後從團體中去尋

求平和的心靜的地方，那個地方的氣氛是這個樣子，一個信任的環境，你沒有安全感，沒有信任的環境那PLC根本就不可能的了。

二、陪伴者：與人分享的快樂勝過獨自擁有

在海星，教師是重要推手。教師被期待要能夠創造學生學習動機、陪伴他們學習、支持他們勇於表現，以期加大每一個學生的進步。教師的成長和工作的穩定，便是達成此目標的關鍵。於是，認同學校目標的資深教師，願意無私的分享自己經驗。一位老師說：「擔任陪伴者，其實是我自己想要不斷的成長，而且我相信在team中工作，是事情的成功、更有效率外，也是team中每一個人的成功、成長。」

除了想要持續精進和有效率的工作，其他的陪伴者願意的理由還有：關心海星學生能有穩定的好老師帶領；協助剛進入教職的年輕教師，在最熱忱的前三年教書生涯中，有人可以陪伴，使得年輕熱忱一直發光；幫助新進教師最快的方法適應海星的教書生活，也替海星培養追隨海星教育核心價值的老師；期待海星中學修女創校「看重每一個學生」的精神一直傳承，重現修女陪伴的關懷氛圍。

陪伴者教師在參與教師專業學習社群時，應先認清角色的不同。一般來說，輔導教師把自己陪伴者的角色定位清楚，除了具備學科教學專業外，需先瞭解教師增能教師的帶領模式，進而具備陪伴社群成員反思的能力。輔導教師準備越好，越容易建立社群彼此互信的基礎，因而弱化了階級和權力的不對稱關係。相對的，對談的夥伴教師參與意願越高，越容易分享教學現場的困境，也越容易反思自己的教學及班級經

營，讓對談內容可以更有深度和廣度，因此為使教師專業學習社群能有效的發揮團體功能，輔導教師和夥伴教師在社群中的角色定位應是社群成功運作之重要影響因素。

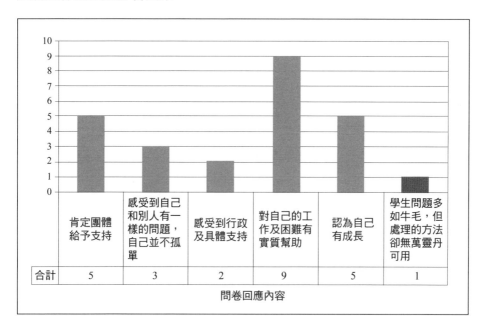

100學年度上學期結束時，陪伴者再次聚在一起回顧看看自己和陪伴者的團體及成員，評估一下PLC的功效和自己的影響力。透過問卷，陪伴者多了一些客觀的瞭解。從回收25份問卷的質性問題中，只有一份是帶負向的回應：「學生問題多如牛毛，但處理的方法卻無萬靈丹可用」。而其他24份問卷皆是正向的肯定，肯定團體給予支持者有5位，認為對自己的工作及困難有實質幫助有9位，認為自己有成長的有5位，感受到自己和別人有一樣的問題，自己並不孤單有3位，感受到行政及具體支持有2位，由下圖中可以看出大多數的教師對於PLC皆保持認同感。

陪伴者閱讀數據之後，就七嘴八舌了起來：

唉呀！我們老王賣瓜，自己覺得好，自我感覺良好，別人並沒有覺得好。

可能是認知上的問題，我們覺得有幫助和新進老師認為的有幫助是有誤差的。

我們的PLC時間短，這學期次數也少，這樣的數據可以接受的。

同行老師這學期聽了很多分享，是需要消化時間，也在問卷中看到老師不容易將聽到的建議具體實踐，因此有落差可理解的。

可能我們認為進步了，或是分享的傳達的夠了，但其實還不清楚，就像我們教書，都覺得自己教的夠清楚，但學生靠測驗讓我們發現其實是不夠。教師成長的PLC，雖然不能考試，但也幫助我們反省到：我們經驗多了，可能認為一些東西很簡單，其實對新進教師來說並不簡單。

這樣的差別，也顯示陪伴者對同行者的認識不夠熟，而陪伴者之間的默契比較好，這是一種時間上的客觀事實，所以我們可以談，但不要急。

我覺得陪伴者相關較高，是陪伴者體驗到自己在團體裡的收穫很大，也許是我們有一些教書經驗了，也更能在團體中收穫。

從陪伴者的討論和反思中，明顯觀察到大家的責任心和包容，這是PLC

教師成長的重要因素。陪伴者期望藉著各種校內議題、工作、教學的分享，能提供協助和影響同行者，並在此對話和互動過程中，建立信任和互惠關係，營造平等和關懷的組織文化。一起成長和一起領導的支持力量，使教師認同這份工作不僅為了糊一口飯吃，而是可以助人的，也是自我成長的生命志業。

三、今天暫時停止——未來會做得更好

經過兩年的推動，我們藉由檢討，提出新進教師PLC帶領應該注意的事項。

（一）總結100學年度PLC的發展，發現三個影響團體成員參與積極度的關鍵因素：

1. **個性**：有人就是容易相信團體、容易參與，有人就是事不關己，人坐在那裏，擺明了「規定才來」。

2. **身份**：是導師和不是導師也有一些差異，是導師的成員因必須付出更多責任，且需要對學校有更多的瞭解，在此急迫需求下，要非常瞭解學校狀況，因此參與度更顯全神貫注，而非導師則在班級經營和親師溝通議題中顯得事不關己，當然也有非導師而積極參與的，這又回到上面的個性，有人覺得「現在還用不到，先學起來以備不時之需」，因此可以呈現讓人感動的專注。

3. **議題**：學生學習、教學法、班級個案處理及親師溝通等議題，都是新進教師的需求，透過團體對話而學習和獲得支持。參與度夠、就容易建立彼此信任。不過教學專業部分討論仍然不夠，老師似乎認為這是個人的專業自主範圍，不容外人介入，一定要談

時，也是表面談談而已。

（二）團體最大的困境是成員缺乏彼此信任的基礎。

99學年上下學期老師因屬於不同的PLC而表示不滿意，好不容易建立的信任，下學期開始卻又重新來過，這件事在100學年立即改進。

信任關係的培養只靠PLC聚會期間是不夠的，往往需要在平時和會前建立，偶爾是需要一起聚餐的氣氛，或是一起工作的機會，讓彼此產生信任感，然而非正式聚會又增加教師工時以外的負擔。

組別人數太多比較讓人有壓力，同行者只敢分享好的一面，不願分享自己面臨的困難或問題。人數太多反而造成團體不容易開放。

（三）陪伴者帶領團體的技巧

有時陪伴者忍不住講太多話，反而造成PLC的重心不在新進教師的需要。陪伴教師的好心或是心急，想分享新進教師更多經驗。但是面對人的成長改變，卻不是以心急來回應。

陪伴者不能聆聽到同行者分享內容更深或隱含之意，沒有即時提供更適切的回應。

（四）同質和異質組合的優劣處

100學年度PLC的組成是依據新進教師在學校工作屬性不同分組，分別是國中部導師及行政、綜合高中導師、普通高中導師及專任教師四組。因此，在面對學校的活動或是班級經營和輔導方面，老師覺得較有收穫。但也有教師認為教學領域不同時，除了聆聽、瞭解外，對同行教師的幫助不大。

（五）分享活動是團體議題或個人需求導向

有些教師認為需要安排一些主題、議題較符合教師的需要，如果教師沒

有覺得需要，也沒有收獲，情感上得不到支持，那麼學習社群也無效用。也有教師認為私立中學原本就是偏向「長官命令，我們聽從」的氛圍。因此，期待在PLC中能有更多教師自省，自覺需要、將團體發展的議題成為是團體每一位成員自覺需要的分享主題。

（六）海星推動PLC的幾個關鍵優勢

校長的授權讓PLC的組織設計和執行沒有阻礙，加上行政單位的充分支持，包括教務處協調共同時間和空間，都使PLC的聚會順暢。此外，私立學校教師多半配合學校發展，因此在邀請或要求教師加入或參與的起始點比較沒有問題。

（七）PLC對學生學習之影響尚需評估

雖然我們以為「教師自我成長，一定可以幫助學生的學習」，但目前PLC的進行並沒有對這個議題做進一步的研究，往後繼續推動時可以將教師教學的改進和學生學習成果進一步做關連。

結語：期許未來的步伐可以更穩健

海星PLC成立之初，主要想要解決流動大的新進教師能夠在海星安身立命，並能讓學生學習有所提升。教師流動率高是許多私立學校的共同宿命，對海星而言反而是一個轉機。海星教師團隊將持續要求自我成長，以回應時代的需要。未來，除了新進教師PLC，各科教研會也將採用專業學習社群，使教師不斷成長。

PLC想要有效果，除了由「上」支持外，更重要的是由「下」發動，老師因其影響力及認同學校核心價值，是團體能開始並持續發展的重要因素。除了信任，陪伴教師的技巧能力、注重同行者的需求，促使

沒有熱忱的老師活絡起來，透過增權賦能和培力教師能使學生受惠（至少不會事不關己，冷漠教書）等，都是推動PLC的重要挑戰。我們思索未來推動策略時，想到：

❖我們要團結陪伴者和同行者共同力量所營造出來的環境，用環境的力量來培力缺乏熱忱的教師。

❖校園中邀請指標性的老師加入，幫助大家更有信心參加團隊和投入精進教學行列。

❖舉辦教師活動，增加教師彼此之間的情誼；或以團隊工作為具體目標，透過PLC的支持和改革政策的壓力，一方面給予成長壓力，一方面給予支持和鼓勵。

　　海星的PLC推行至今，多數參與教師憑著讓學生進步的信念，以及希望世界因我更好的行動力，將認同海星的心聚在一起和新進同仁牽手向前，每年雖然經歷舊人走、新人來，學校的核心精神卻脈脈相連。PLC所以能夠培力每一位教師，是因為透過團隊學習的刺激和經驗分享，可以促使個人將別人經驗加以轉化，進而內化為自己的方法和智慧。

　　一起學習和一起領導，在新舊傳承和創新的集體活動中，展現了海星生命力與創造力。

幕後花絮

　　為了PLC專書的撰寫，我們共召開了兩次的分享和撰寫會議（101年1月，101年5月）、一次完稿會議和數次的編輯會議，好讓故事的內容更貼近讀者，同時又能保留各團隊發展時的特性和撰寫的創意。分享會議中，有些話神來一筆，生動地道出社群發展中的一些靈感和趣事，保留了社群相遇和對話過程中某個時刻的再現，因此節錄下來當作書後花絮。

　　……那個時候把科裡面所有老師的一些教學成果做一個集結，然後得到這個獎之後，才發現原來這就是人家所說的社群這個概念……很早很早之前，科裡面就會有這種共同討論的風氣，但是比較成形應該是那一次去參加那個比賽得到那個獎項，就是因為有一個具體工作的任務，所以我們會覺得有一個團隊在形成……

　　……在這個過程當中，我們有學科共同要做的，那集結很大的國文科社群，這個社群有不同的工作目標跟方向，沒有那麼多人是推不動的，那或許我們在設計一個新課程會有一個小的社群。

（臺北市立中山女中　黃　琪）

　　PLC的前身其實有個讀書會，於是就一半讀書會，一半PLC。讀書會最大的特質：安靜，就比較輕鬆，完全沒有任何的去規範什麼東西，就看看東西；但是帶PLC就開始分享，就開始分享就是上課狀況，會提出問題，那這時候有一些所謂的輔導教師，就是我們的陪伴制，那他也提出了他的一些作法，就是他碰到一些問題的做法……

　　……有一點東西很重要，叫做信任關係，所以在這個100學年度上學期的時候，我們就比較小型在這個部分，就是開始的時候先讓老師們開

始跟這個團體有一些些連結，有一些些關係，讓他們就慢慢慢聚集……
這是一個起始、磨合、運作到最後的轉型……

（花蓮私立海星高中　孔令堅）

　　……信任關係……，真的是關鍵，我們去美國的參訪，問比較成熟的
社群的學校：「可不可以舉出最重要的三點，是你們社群能夠持續學習、
還有持續進步的原因。」他們講了三個：「第一個就是對話、溝通跟對
話，第二個是合作，第三個就是信任，其中以信任最為重要，最困難。」

（臺師大　陳佩英）

　　……好像學校是不同的齒輪，就是有一些科目比較大的這種齒輪，
他的轉動速度比較慢，但是它的力量可能是比較強，那有一些科目社群
它可能人數比較少，他轉動比較快，但是我們覺得就是說學校不同社群
之間，他彼此之間有一些聯繫……
　　……我的感覺就是互相在轉動，然後這個轉動的過程裡面，我感
覺是一起在前進，對，然後走到大概第二年、第三年的時候，我覺得就
是開始打破科這樣的一個限制，因為其實有些老師他們也會覺得說，常
常我們是整體，可是現在到了高中，因為專業的關係，都切斷成所謂的
學科，所以開始科跟科之間，像我們生物的社群跟地理，然後還有跟歷
史，我們就去辦了一個海岸走足的考察……

（宜蘭高中　周士堯）

　　……我們完全是自發性的，就是說我們沒有任何外在資源，或者是任何

人的領導這樣子，所以我們完全就是科裡面的英文老師，因為有興趣，跟著感覺走，我們走到哪就做到哪……

　　……我們的這個整個社群的發展有沒有什麼樣的困擾、困境，其實我們大家回想起來好像都沒有，就是跟著感覺走就對了，自然水到渠成這樣子。

（新北市中和高中　郭慧敏）

　　……這個團隊當中，它的運作模式，其實是每個就自己的專業，包括我的部分，那我們是……比較高的部分應該是熱情……

　　我們的目標是要保存它的文史，完全也是自發性的，也無所求，因為它對我們完全不會有任何幫助，只有增加教學的內涵的深度，它的深度會強化…我們這個團隊的運作其實一直以來通通是兩線同時並進，慢慢分析，一個我們一直想要做推廣，從來都沒有間斷，通通在推廣當中，另外一個我們也一直都在做，教材、教案的研發，這個我們兩線從來沒有停止過，甚至我們的範圍是擴大當中……

　　……另外我運用到我既有的成果，我本來的這些成果，要保留著繼續來延伸，甚至這樣的一個現象，就是土地開發的現象，他在持續變動當中，所以我們是用案子養案子，這個就是很實際的方法……

　　我們團隊就是五個人在運作當中，那我們是有計畫性的到社區去固定做某一些事情，就是傳播文史的概念，我們跟社區里民的互動也一直都在，那如果說他跟其他團隊有一點點不一樣，我覺得不一樣的地方是他把社區的意識變得更濃厚……

（臺北市立中正高中　許孝誠）

……在那個過程裡面，就是就有老師團隊加進學生學習的概念，然後再把他們教學所需要的平台，他們就自己去規劃跟設計出來這樣……

……要去成就這群老師的夢想的時候，背後要支持的力量很大很大……而且你要去說服其他人……你知道老師很脆弱的，他只要外頭的一個聲音進來說你們把我的資源全部用在這個事情上，那我們的正當性就會不足，所以全部用競爭型的計畫去支持這樣的……

（臺北市立中正高中　簡菲莉）

我們校本課程發展當然跟其他學校很不一樣，除了我們是本科課程，所以老師進來都要做這個課程……他們隨時都是在專業的社群裡頭，帶回家去也是在談這件事情，我是相信的，那跨學科也有。

很多老師不知道自己有這樣子的能力跟可以做的特質。

（麗山高中　邱淑娟）

……由我們教師自發性所組成的，不是從校長，或者教務主任指派我們做，就是每一個人都是有非常特別的地方，就是由我們由下而上去做，然後呢，我們學校的行政系統的態度其實就是增權賦能，分散式領導，他其實給了高瞻團隊很大的一個發展空間…計畫執行的共識，那就是由下而上，用合議式的方式，那所以呢，學校其實每一個團員，其實都是蠻平等的，就是因為是都是同事，所以大家比較不會有那一種隔閡吧，高高在上的那種感覺……

其實一個團隊裡面不可能永遠都是非常和諧，所以呢，有時候在跟行政上或者是說老師跟老師之間，偶爾會有一些摩擦跟衝突，那其實在

摩擦跟衝突的時候，因為我剛剛講過我們角色都是非常的平等，所以這時候還是有時候靠孟郁有時候私底下去做溝通，或者是說真的找校長，校長其實在這個時候就會發揮他的功能……其實他的角色也是非常的重要，那最後才有達到妥協跟進步。

（苗栗農工　鍾武龍）

老師面對他自己專業知識不足的時候，他怎麼樣去尋找對外的資源，對，其實這也是我們後面這一套課程能開發出來最主要的一個關鍵……

老師他願意讓其他的老師進行那種課室觀察，他願意讓他進來做課堂評鑑，那其實如果你沒有得到一定的信任的話，你說要踏進來我的教室這樣的一個場域，教學場域的話，其實是有一定的難度，那這個我們在進行教學實驗的時候是在第二年，那也是因為有第一年的這樣蠻多的約定行動，才有辦法建立起這樣的默契……

我們在執行計畫沒有想太多說我們要預期怎麼做，我們就是按部就班來，去諮詢完之後，你該走的一套那種研發新的課程的歷程是什麼，我們就step by step這樣把它走下來，可是呢，我可以發現就是我們去分享也好，或是在跟人家做交流的時候，我會覺得我們學校真的很踏實，就是這樣一步一步走下來。

（苗栗農工　林孟郁）

因為我們學校很小，那也因為這樣我就發現到說，當我進去到這個學校裡面，不管是哪一科老師，他都能夠告訴你，雖然不是主科裡面教

學東西，但是他可以告訴你很多教學上的經驗，因為每一個老師他們都能夠掌握到學生跟學校的特色去分享他們的東西……

　　每一個人的角色在一個團隊扮演著不同的一個力量的時候，你如果可以把力量貢獻出來，就可以把一個好像本來是好像看不出來什麼東西，就把它凝聚在一起……

　　……我發現說一樣的狀況，就是循環在現在這個新的美術老師身上，因為他一進來以後，我們所有老師，包括我們的科主席，就是我們音樂老師，還有我們其他的前輩老師，全部都是在給他……全部經驗上的分享。

（新北市私立聖心女中　李佩貞）

　　慢慢我們來做，新進的老師就會願意加入，好像這個部分就會蠻自然，我們會有一些要做什麼，然後就要做出來，像我們在做那個教材的時候，自編教材，然後就有一群人寫這個，就有一群人就寫這個，那一群就寫這個，然後弄……當然有一些交集，但是也有一些人就他就只寫這個等等的，總之好像就會比較自然一點的就能夠推廣……

　　我就覺得說每個學校應該都會有些大姊大、大哥大，那也許他們每個風格不一樣，那如果說這些人有意識說我們要做些什麼事情，他們很有號召力，可是每個人的因為風格不一樣，他做事的態度會不一樣，那這都很好，我覺得這沒有什麼不好的，就看大家怎麼去協調、怎麼去配合等等。

（臺北市立中山女中　陳智弘）

　　國外來說他們認為高中不可能做這樣的事情，他們都只有做到國小國中，幾乎高中都做不出來。可是我們這邊很活躍、真正將課程做得很

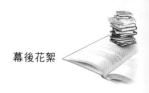

深入的是高中，那我想我們在這樣的故事，有同科和不同科的老師的經驗，其實我覺得……我們希望是激勵，然後讓老師從故事當中，找到自己可以再往前進，和還可以做些什麼，然後讓自己教書工作的熱忱，……能夠繼續傳承下去。

（臺師大　陳佩英）

國家圖書館出版品預行編目資料

從心學習：聽專業學習社群老師說故事 / 陳佩英總編輯.
-- 初版. -- 臺北市：師大出版中心，2013.04
　　　面；　　公分

ISBN：978-957-752-895-7（平裝）

1. 中等教育　2. 文集

524.07　　　　　　　　　　　　　　　　102003757

從心學習──聽專業學習社群老師說故事

發 行 人／張國恩

總 編 輯／陳佩英

主　　　編／陳智弘、黃　琪

責任編輯／陳靜儀、林冠吟、劉安芸

美　　　編／王麗鈴、張凱惠

封面繪圖／林文婷

出 版 者／國立臺灣師範大學出版中心

地　　　址／106臺北市和平東路一段162號

電　　　話／(02)7734-5291

傳　　　真／(02)2393-7135

電子信箱／libpress@deps.ntnu.edu.tw

ISBN／978-957-752-895-7

GPN／1010200375

出版日期／2013年4月初版

定價／新台幣400元